Impressum

Herstellung und Verlag:
BoD-Books on Demand, Norderstedt
ISBN: 978-3-7431-3728-8

MIX
Papier aus verantwortungsvollen Quellen
Paper from responsible sources
FSC® C105338

Mein Name ist Bernd Gerrards. Ich bin Jahrgang 1961 und habe zwei Kinder. Meine Frau ist im Januar 2009 durch eine Lungenembolie ganz plötzlich von uns gegangen. Seit diesem Tag hat sich mein Leben verständlicher Weise verändert. Ich begann Lektüre über Trauer- und Schicksalsbewältigung sowie den Sinn des Lebens zu lesen. Diese Bücher haben mein Leben sehr bereichert und mich das erlebte Schicksal aus einem anderen Blickwinkel betrachten lassen. Die Hilfsbereitschaft von Freunden und Bekannten war zwar herzlich, aber in meiner damaligen Situation brachte sie mich einfach nicht weiter. Nur wer diesen Schmerz schon gefühlt hat, kann ihn bei anderen nachempfinden.

Bis Anfang 2015 habe ich gemeinsam mit meinem Bruder ein Geschäft geführt. Aber in den letzten Jahren wuchs bei mir der Wunschgedanke, Trauernden die Möglichkeit der individuellen Trauerbegleitung anzubieten, die ich in meiner damaligen Situation vergeblich gesucht habe.

www.trauerbegleitung-individuell.de

Inhaltsübersicht

9   Vorwort

13   *Kapitel 1* Die ersten Tage

17   *Kapitel 2* Einsam in der neuen Welt

23   *Kapitel 3* Seien Sie geduldig mit sich selbst und gehen Sie Notwendigkeiten behutsam an

31   *Kapitel 4* Die Trauer wird ein Gefährte

35   Trauergefühle
(Symptome und möglicher Umgang)
in alphabetischer Reihenfolge

Vorwort

Sie halten dieses Buch in den Händen, weil ein trauriger Verlust in Ihr Leben getreten ist?

Vielleicht aber auch, weil Jemandem in Ihrem Umfeld schlimmes passiert ist und ein Weg gesucht wird, ihm nahe zu sein und helfen zu können?

Wie auch immer, auf jeden Fall sind Sie mit Trauer konfrontiert worden und möchten gerne mehr darüber erfahren. Wie dieser Prozess des Trauerns sich entwickelt und auf was man sich einstellen muss. Ja auch um zu erkennen, was es aus einem selber macht. Wie verändern wir uns, um weiter leben zu können? Wie kommt der Lebenswille, die Freude wieder in unser Dasein, von dem man es im Moment nur als ein **da sein** bezeichnen kann? So individuell wir Menschen sind, so verschieden sind auch die Trauerwege.

Gründe dafür sind ebenfalls sehr vielschichtig. Herkunft, Religion, Erziehung, Umfeld sowie unser eigener Glaube selbst auf alle Dinge, die unser tägliches Leben beinhaltet.

Der Glaube vieler ist, dass nichts im Leben, ja auch in unserem Universum ohne Grund geschieht. Alles hat seine Bestimmung und Berechtigung. Die Ereignisse sind schon festgesetzt, nur durch unser Handeln beeinflussen wir den Weg dorthin. Es ist wie mit unserem eigenen Tod. Das er eines Tages kommt, dem können wir gewiss sein. Aber der Lebensweg bis dahin, liegt in unserer Schöpferkraft. In dem Buch „Gespräche mit Gott" von N.D. Walsch, was sehr zu empfehlen ist, sagt Gott. „Ereignisse sind nur das was passiert. Aber wie wir darauf reagieren ist das, was uns ausmacht". Die Nachrichten sind jeden Tag voll mit Kriegsszenarien, Morden und großem Leid auf dieser Erde. Für einen kurzen Moment sind wir schockiert, doch sehr schnell nimmt das Gefühl auch wieder ab, weil wir keinen Bezug zu diesen Betroffenen haben. Bei Kindern und Tieren hält man meistens länger inne, weil wir sie für wehr –und hilflos betrachten.

Wenn Menschen sterben, zu denen wir eine enge Beziehung hatten, die wir mehr liebten als unser eigenes Leben, wie zum Beispiel den Partner, Kinder, Eltern oder Freunde und Verwandte, dann geraten wir in eine Lebenskrise. Dieser Mensch fehlt uns auf ganz vielfältige Weise in unserem Leben. Es dauert lange, bis man sich aus seinem alten Leben heraus, in ein neues Leben einigermaßen zurecht gefunden hat.

Unbeteiligte reden immer davon, dass es die Zeit ist, die diese Wunden heilt. Aber ich bin davon überzeugt, dass es die Verarbeitung der Trauer ist, sich mit dem Schicksal auseinander zu setzen. Erst wenn wir uns mit den Geschehnissen befassen, erhalten wir die Möglichkeit, es aus einem anderen

Blickwinkel zu sehen und zu empfinden. Denn wir können den Tod nicht ungeschehen machen, aber es kann gelingen, irgendwann zu akzeptieren und dem Verstorbenen einen wertvollen Platz in seinem neuen Leben zu geben.

Ich möchte Ihnen auf gar keinen Fall einreden, wie Sie Ihre Trauer bewältigen sollten. Sehen Sie dieses Buch mehr als einen Reiseführer der Trauer an, sich mit manchen Dingen ausgiebiger auseinander zu setzen. Gedankliche Abstecher in manche Richtungen sind bei genauerer Betrachtung sehr lohnend. Trauer ist nicht nur weinen, sondern auch ein zurück und nach vorne schauen. Wut, Dankbarkeit, Scham und Angst spürend, sich selbst fremd sein und wieder zu erkennen. Kein Vertrauen mehr in das Leben zu haben und Selbstzweifel hegend. Ganz allmählich wieder Freude entdecken und wieder lachen zu können. Trauer hat viele Facetten, die auch nötig sind, um in einem anderen, neuen Leben anzukommen.

Verurteilen Sie sich bitte nicht selbst, denn Gefühlschaos und Stimmungsschwankungen sind oft Ihr Begleiter in der anfänglichen Trauer. Mit der Zeit lernt man damit umzugehen und entwickelt Strategien dagegen.

Dieses kleine Buch möchte Ihnen als schnelle Hilfe in Kurzform einen Einblick verschaffen, um eine heilsame, verwandelnde Trauer bei sich selbst zu ermöglichen. Im ersten Abschnitt sind die Beschwerlichkeiten erläutert, die mit der Trauer einhergehen.

Diese Symptome treten bei der Verlustverarbeitung immer wiederkehrend auf. Zu erfahren, dass diese aufkommenden Gefühle von allen Hinterbliebenen wahrgenommen und empfunden werden, erleichtert es Betroffenen mit ihrem eigenen Schicksal umzugehen.

Der zweite Teil dieses Nachschlagewerkes beinhaltet Anregungen, schöpferisch leichte und sinnvolle Tätigkeiten in Ihre Trauer mit einfließen zu lassen. Ihr emotionales Herz wird dadurch angeregt und Gefühlsblockaden können gelöst werden.

In der Trauer gibt es kein richtig oder falsch.
Nur wenn es sich stimmig anfühlt, hat es ein Anrecht in Ihrer Trauer.

Kapitel 1
Die ersten Tage

Was passiert mit uns, wenn wir einen geliebten Menschen plötzlich oder nach langer Krankheit verlieren? Ein Schockzustand, wie in Watte gehüllt. Nichts mehr richtig fühlen können, ein spüren von Taubheit am ganzen Körper und des Geistes. Alles wirkt auf uns irreal und fremd. Die Kraft reicht gerade noch so zum Atmen. Es ist der Schutzmechanismus unseres Körpers, der den Verstand runterfährt, um das Unfassbare ganz langsam auf uns wirken zu lassen.

Wir reagieren nur noch apathisch, von agieren keine Spur. Doch gesellschaftlich gibt es viel zu regeln.

Die Beerdigung, die Ämter und Versicherungen. All das kommt zusätzlich auf einen zu, obwohl man sich doch so kraftlos und hilflos fühlt. Aber es lässt sich nicht aufschieben. Man ist kaum im Stande für sich selbst zu sorgen. Essen, Trinken und Schlafen haben im Tagesablauf nur eine geringe Bedeutung. Dabei wäre es von großem Vorteil, wenn sich Familie oder Freunde dieser Aufgabe verpflichtet fühlen würden.

Den Totenkaffee besprechen, Karten und Anzeige schreiben. Den Pfarrer bitten, die wertvollen Charakterzüge des Verstorbenen in seiner Rede mit

einfließen zu lassen. Den Sarg aussuchen. Es sind die letzten Entscheidungen, die man für den Verstorbenen noch trifft, treffen muss und darf. Die Allerletzten. Die Beerdigung, der letzte gemeinsame Weg, wie gewaltig und so endgültig.
Wir Menschen wissen, dass alle Begegnungen und Beziehungen nur auf Zeit angelegt sind. Und das Ende immer der Gang hinter dem Sarg ist, mag man sich nicht vorstellen.
Erst jetzt, ein paar Tage nach dem Schicksalstag, die Beerdigung überstanden, wird das Geschehene unserem Verstand immer klarer und bewusster. Wir erwachen quasi in einem neuen Leben, wo nichts mehr so ist und sich anfühlt wie vorher. Falls noch Kinder mit im Haushalt wohnen, versuchen sie die Rolle und die Aufgaben des Verstorbenen mit zu erledigen. Sie sind unter Aufbietung all ihrer Kraftreserven bemüht, so tapfer zu sein wie es irgendwie geht. Gespräche über ihr selbstloses Verhalten wären für alle Beteiligten, besonders für die Kinder selbst, in diesem Fall sehr wichtig. Aber auch über die Gefühle der Traurigkeit und Hoffnungslosigkeit herrscht bei allen Gesprächsbedarf. Der Austausch wirkt traurig und gefühlsmäßig aufwühlend, aber dennoch durchaus trauerlindernd.
Das Gleiche gilt für das Weinen. Die ganzen Erinnerungen, die sich täglich stetig vermehren und wie ein Wiederholungsprogramm ständig im Kopf krei-

en, wirken wie ein Stachel auf Trauernde, der sich tief ins Herz bohrt. Das nie mehr, diese endgültige Sinnlosigkeit gilt es in den ersten Wochen und Monaten zu ertragen. Aber Gefühle zuzulassen und sie anzunehmen ist einem irgendwie fremd. Warum soll man sich mit etwas beschäftigen, was so viel Traurigkeit und Schwere mit sich bringt? Kindern wird schon anerzogen, dass man Gefühle verdrängen sollte. Wenn sie zum Beispiel Ängste verspüren, sagen Erwachsene meist „du brauchst keine Angst zu haben. Stell dich doch nicht so an". Aber die Ängste sind bereits vorhanden. Die Eltern oder Erwachsene geben nur das Verhalten weiter, was sie selbst gelernt und immer wieder praktiziert haben.

Denn um dem nach zu kommen, was von einem verlangt wird, verdrängt man alles, was belastend wirkt. Es wird verinnerlicht und begleitet einen das Leben lang. So ist auch die Trauer ein Gefühl, das unterdrückt werden möchte, aber nicht sollte.

Denn so kann man Trauer nicht überwinden, sondern wird nur verdrängt und aufgeschoben. Was sich als äußerst negativ für das weitere Leben bemerkbar machen kann. Denn wie im Inneren, so im Äußeren. Was bedeutet, dass man stets unbewusst das ausstrahlt, was man im Inneren empfindet. Die Seele nimmt irgendwann die Farbe der Gedanken an.

Kapitel 2
Einsam in der neuen Welt

Morgens schon hundemüde, obwohl der Tag noch gar nicht richtig begonnen hat? Schlafstörungen sind ein Begleiter geworden? Gefühlt kriechend, wie auf allen Vieren müht man sich durch den Alltag. Der erste Gedanke beim Augenaufschlag, „hatte ich einen Alptraum"? Nein, nein, nein, es ist die neue abscheuliche Realität. Wie begeht man den Tag, was soll man anfangen, sich verhalten, um nicht verrückt zu werden? Aber das ganze Leben hat sich doch verrückt. Nichts ist mehr wie gewohnt. Das Miteinander, geteilte Freude und geteiltes Leid. Gemeinsam Pläne schmieden, Ziele erträumen, Entscheidungen zu zweit fällen, alles das gehört jetzt nur noch der Vergangenheit an. Ab jetzt ist man für alles alleine verantwortlich. Es gibt einem ein ungutes Gefühl, das sich bis zur Angst steigert. Wie kommt man so auf sich alleine gestellt in dieser Welt zurecht?

Überall in der Wohnung sind noch die Gegenstände des Verstorbenen. Man möchte sie für nichts auf der Welt hergeben. Sie sind die letzten Zeichen des geliebten Menschen, der glücklichen Gemeinsamkeit. Die Tasse, Zahnbürste, verschiedenste Utensilien und das persönlichste überhaupt, die Kleidung. Viele Hinterbliebene nehmen sie und riechen an ihr, ja Saugen sie förmlich animalisch auf. Man schließt die Augen und stellt sich vor, dass einem der geliebte Mensch ganz nahe ist. Es ist eine der letzten Brücken, die man noch hat, zu dem was nie mehr sein wird.

Und diese Diskrepanz zwischen Wunschdenken und realem Istzustand macht die Trauer extrem schmerzhaft, kräftezehrend und kaum zu überwinden spürbar.

Die häufigste Frage die sich Hinterbliebene immer wieder stellen, ist das **warum**. Warum musste mir das geschehen, warum musste es jetzt passieren, warum…?

Auch Schuldgefühle, die man sich meist selbst einredet und mit der Wahrheit meist nicht einhergeht, lassen einen nicht zur Ruhe kommen. Es sind irritierende Emotionen, die jedoch das Gefühl der Verbundenheit vermitteln, nachdem Trauernde sich so sehr sehnen.

Doch die Welt dreht sich weiter. Obwohl sie für die Betroffenen seit diesem Schicksalstag stehen geblieben ist, oder auch aus den Angeln gehoben wurde.

Auch die Fragen der Mitmenschen, „Wie geht es dir" mag man irgendwie nicht mehr hören. Sicher sind sie um die Trauernden besorgt und möchten ihre Anteilnahme zeigen. Doch wie soll es Betroffe nen denn schon gehen? Das Leben zeigt einem jeden Tag mehr und mehr auf, was alles verloren wurde und gemeinsam nie wieder erlebt werden kann. Immer öfter hat man als Trauernder auch das Gefühl, nicht mehr die gleiche Sprache zu sprechen. Man erzählt von eigenen Emotionen, doch viele Gesprächspartner können diesen Schmerz gar nicht nachvollziehen. Doch hatten Hinterbliebene früher nicht selbst das Gefühl, den Schmerz von anderen Betroffenen nicht nachempfinden zu können? Oft macht es Trauernde wütend, wenn in Gesprächen aus ihrer Sicht manchmal nicht die richtigen Worte gewählt werden. Doch geschieht dies bestimmt nicht mit Absicht. Unsicherheit und nicht wissen können, was im jeweiligen Moment vielleicht das Richtige ist, erschweren diese Gespräche.

Oft wäre es hilfreich, wenn Menschen auf ihr Herz hören würden. Auch Sätze wie „es tut mir leid, mir fehlen einfach die Worte. Aber ich möchte dich einfach nur in den Arm nehmen und dich festhalten" wären eine gute und sinnvolle Alternative.

Hinterbliebene können es der Familie, Freunden und Bekannten erleichtern, wenn sie sich mehr öffnen würden und ehrlich sagen, wie und was sie gerade fühlen. Aber das hat man sich in der Gesellschaft und unserem Kulturkreis fast gänzlich abgewöhnt.

Gefühle möchten in der heutigen Zeit weder gefühlt, noch beachtet werden.

Wenn einem etwas Kopfschmerzen bereitet, wird meist eine Pille genommen. Schlimmstenfalls kommen auch noch Alkohol oder Drogen ins Spiel. Es soll einfach nicht mehr das sein. Man hat es verlernt, sich damit auseinander zu setzen.

Deshalb wird auch bei vielen Trauernden beobachtet, wie sie sich in Ablenkung stürzen. Da wird in jeder Minute der Freizeit Sport getrieben. Mit Freunden getroffen, um die Nacht zum Tage zu machen.

Denn die Stille, das alleine sein zu Hause dröhnt so laut, erfüllt von Erinnerungen und Zukunftsängsten, dass jede Ablenkung angenehmer ist, als der Versuch den Realzustand, die >Trauer< anzunehmen und sie zu verarbeiten.

„Die Zeit heilt alle Wunden", so sagt man. Doch ist es nicht eher so, dass die Zeit und die Annahme der Trauer es mit sich bringt, mit dem Schmerz zu leben, bis aus der Wunde eine Narbe entstanden ist? Diese schmerzt dann zwar nicht mehr, wird aber zur wertvollen Erinnerung an das, was man verloren hat. Verdrängtes Trauerverhalten kann jedoch zu Depressionen und stark verminderter Lebensqualität führen.

Am Beginn der Trauer fühlen sich Erinnerungen und das neue Leben wie ein Stachel an, der das

Herz verletzend durchbohrt. Dabei sollte die Trauer als Prozess dienlich sein, um auf dem Weg hindurch eine Entwicklung entstehen zu lassen, um traurige Erinnerung in liebevolle zu verwandeln. Damit man für das was man gemeinsam erlebt und erschaffen hat, dankbar und glückerfüllt zurückblicken kann.
Wer sich dazu nicht in der Lage sieht, wäre bei einem Trauerbegleiter in wohlbehüteten Händen. Er oder Sie kann das Gefühlschaos nachempfinden und Perspektiven aufzeigen, die in solchen Momenten hilfreich sind. Nur wer Trauer um einen Menschen, den man mehr geliebt hat als sein eigenes Leben, durchlebt hat, kann diesen Schmerz nachempfinden. Dabei kommt es nicht auf Gelerntes an. Alle Bücher dieser Welt können einem dieses nicht vermitteln. Die erlebte Erfahrung lehrt uns, nicht das Wort. Bei der Begleitung in der Trauer kommt es auf Empathie und Menschlichkeit an. Dem Beistehen, das immer wieder erzählt bekommende von Trauernden, was sie so sehr berührt. Auch einfach „nur" die Stille aushalten zu können, um das Unfassbare langsam anzunehmen.Geben Sie der Trauer die Möglichkeit, sich zu verwandeln. Es ist ein schwerer Weg, gar keine Frage. Aber wenn er das Ziel hat, loslassen (*nicht von dem geliebten Menschen. Diesen werden Sie durch das Band der Liebe nie verlieren. Doch sich von dem unerfüllbaren Wunsch zu lösen, dass alles*

wieder so wie früher wird) zu können, sich mit dem neuen, anderen Leben zu arrangieren, erfüllt man sich damit selbst den wertvollsten Dienst, der vorstellbar ist. Gerade weil das Leben nicht endlos ist, macht das doch die Zeit so wertvoll, die wir alle hier auf Erden verbringen dürfen. Wir können Schicksale nicht ungeschehen machen. Das gibt einem das Gefühl von Macht-und Hilflosigkeit.
Doch man hat immer die Wahl, wie mit Schicksalen und Trauer umgegangen wird. Jede Träne die man um die Verstorbenen geweint hat, lässt sichtbar werden, wie sehr dieser Mensch geliebt wurde und jetzt vermisst wird. Aber man sollte versuchen, daraus keine Lebensaufgabe entstehen zu lassen. Denn das möchten auch die Verstorbenen ganz sicher nicht. Zeichen, die aus dem Jenseits gesendet werden, möchten das Gefühl vermitteln, es geht ihnen dort, wo immer das auch ist, gut. Und wenn das den Glauben öffnen kann, dass es ein Wiedersehen gibt, kann man an diesen Eindrücken wachsen und Kraft schöpfen.

Kapitel 3
Seien Sie geduldig mit sich selbst und gehen Sie Notwendigkeiten behutsam an

Das Notwendigste ist, auf sich selbst Acht geben und zu sorgen. Was sagt das Herz, abgesehen von der Trauer und dem tiefen Schmerz, den es auszuhalten hat? Wonach sehnt es sich. Um das heraus zu finden wäre es Vorteilhaft, zunächst in sich hinein zu hören. Die apathischen Gefühlswellen der ersten Wochen sind etwas abgeklungen. Was beschäftigt die Gedanken? Möchte man erfahren, wie es dem Verstorbenen jetzt ergeht, wo er/sie jetzt ist? Möchten man den Grabstein entwerfen, Symbolik einfließen lassen, als letztes Zeichen der Verbundenheit und Liebe. Das Internet ist voll von Ideen und Vorschlägen. Sehnt man sich danach, seine Gefühle aufzuschreiben? Sei es in einem Tagebuch oder in Gedichten, alle seine Gedanken und Wünsche niederschreiben. Wenn man ein paar Monate später das Geschriebene nochmals liest, stellt man fest wie sehr sich die Gefühle und Ansichten bereits verändert haben. Malen, Basteln oder in sonst irgendeiner Form den Gefühlen Ausdruck zu geben, erleichtert das allgemeine

Befinden erheblich. Trauernde sind überfüllt von Gefühlen, die in irgendeiner Form zum Ausdruck gebracht werden möchten. Doch sehr oft wird das nur unbewusst empfunden. Dem Hinterbliebenen kreativunterstützend beizustehen, ist dem Trauerverlauf äußerst dienlich und hilfreich. Es lässt aufgestaute Gefühle fließen. Die bereits vorhandenen können dadurch begreiflich und anschaulich angenommen werden. Verdrängung würde einen emotionalen Stau bewirken.

Neue Gedanken bekommen Platz, um von Trauernden registriert zu werden und neue Lebensqualität zu erleben. Ganz langsam und allmählich, aber stetig. Es tritt ein Prozess der Veränderung in Kraft. Es ist eine wichtige und wertvolle Maßnahme, wieder Sinnhaftigkeit ins Leben zu integrieren. Auch das Umfeld profitiert von diesen Handlungen.

Beschäftigungen dieser Art geben auch die Möglichkeit, Ruhephasen von der Traurigkeit zu nehmen. Alle diese Aktivitäten gehören mit zu der Trauer. Es wird als Trauerarbeit beschrieben, die einen mit der Verarbeitung des Todes wieder zurückgelangen lässt, ins aktive und selbst gestaltete neue Leben.

Auch Musik hören löst festsitzende Gefühle. In Zeiten von Internet und YouTube kann man sich jeden Song mit einem Mausklick bequem anhören. Dabei kommt es natürlich auf die aktuelle Gefühlslage an.

Melancholische Lieder, mit einem bewegenden Text, wenn die Traurigkeit intensiv gefühlt wird, oder enthusiastische Werke, wenn man gerade ein emotionales Hoch empfindet. Im Laufe der Trauer erlernen Sie eigene Automatismen, um in den immer wiederkehrenden Trauerlöchern nicht zu verharren. Verarbeitungen schicksalhafter Ereignisse sind von großer Wichtigkeit. Erlebnisse wie der Tod, benötigen Zeit und Raum, um realisiert werden zu können. Wenn man mit dem Sterben eines geliebten Menschen konfrontiert wird, ändert sich aber nicht nur das Leben selbst. Auch anerzogene oder selbst erfahrene Lebensphilosophien geraten auf den Prüfstand. Alles wird überdacht und in Frage gestellt. Der Sinn des Lebens bekommt eine neue Sichtweise und Entwicklung. Unwissenheit ist seit je her ein Auslöser von Ängsten. Der Tod gehört mit dem vielen unerklärlichen auf jeden Fall dazu. Aber es gibt auch über dieses Thema bereits heute unvorstellbar umfassende Lektüre und Internetinformationen. Sich damit auseinander zu setzen und zu befassen, ist für Hinterbliebene nicht nur hilfreich, sondern lindert auch den Trauerschmerz. Erleichterung bringt ebenfalls das Aufschreiben von Gedanken und Gefühlen. Unausgesprochenes zu Papier gebracht, Trauergedanken die Energie des geschriebenen Wortes zu verleihen, ist wie das Öffnen von einem

Ventil des Herzen. Erleichterung und freiwerdender Platz für neue, veränderte und weiterbringende Gefühle sind große Schritte auf dem Weg durch die Trauer.

Die Gestaltung des Grabes, sowie des Steins, in seiner Beschaffenheit und Gestaltung lässt neben der Schwere, die damit verbunden ist, auch das wohltuende Band der Liebe wieder mit einfließen.

Durch kleine Erfolge oder Errungenschaften, die man bei sich selbst nie hätte vorstellen können, geben Motivation für nachstehende Arbeiten und Anforderungen. Durch das tiefe Tal des Leids und des Verlustes wächst man sehr über sich selbst hinaus. Wer diese Trauer übersteht, für den kann es nichts Furchtbareres mehr im Leben geben, was einen in die Knie zwingen könnte. Dieses schreckliche Erlebnis lässt alles andere, was uns im Leben noch geschehen mag, als nichtig oder zumindest nicht mehr so beängstigend erscheinen.

Eine der Grundvoraussetzungen für ein bewusstes neues Leben ist der Versuch, dem Tag wieder Struktur zu geben. Das kann anfänglich mit der Notwendigkeit der Lebenserhaltung geschehen. Essen, Trinken, Schlafen und die überaus wichtigen Ruhephasen werden anfangs meist außer Acht gelassen. Der Kopf und das Herz sind in ständiger Unrast. Gedanken überschlagen sich und entziehen dem Körper damit einen großen Teil der

Energieressourcen. Meist fühlt man sich ständig müde, jedoch von den geistigen Bildern stetig in Unruhe versetzt. Körper und Geist sind völlig aus dem Gleichgewicht geraten. Schlaf-, Appetitlosigkeit sind häufige Begleiterscheinungen.
Es herrscht ein ungemeiner Gesprächsbedarf. Man möchte versuchen das Unfassbare in Worte zu fassen. Auch ständiges Wiederholen von der Unfassbarkeit trägt zur Linderung bei.
Was kann ich dem geliebten Menschen noch als letzten Gruß, als Symbolik für >die Ewigkeit< in Stein gemeißelt mitgeben? Vielleicht ein Abbild dessen, was man zu Lebzeiten für einander empfunden hat, oder wo man ihn jetzt zu wünschen hofft? Gestalterisch sind da wenige Grenzen gesetzt. Gibt man sich seinen Gefühlen und Empfindungen hin und drückt sie aus, ist das wohltuende Resultat daraus, dem geschundenen Dasein Heilung zu ermöglichen.
Rituale sind ebenfalls unterstützend bei der Trauerarbeit. Ihr fester Ablauf in wiederkehrenden Zeitabständen gibt der Verarbeitung des Verlustes eine gewisse Struktur. Und dem Umfeld von Hinterbliebenen die Botschaft, dass Verstorbene im Herzen der Trauernden nie den Platz verlieren werden.
Gestaltung muss aber nicht auf das Grab begrenzt sein. Sichtbare Gefühle zum Ausdruck zu bringen,

kann auch in der Wohnung oder falls vorhanden, in Gärten erfolgen. Ein Platz mit Bildern oder Erinnerungsstücken, wo der geliebte Mensch für seine Hinterbliebenen wohltuend, seinen Platz einnimmt. Oder im Garten eine Stelle mit Lieblingspflanzen arrangieren. Etwas Symbolisches basteln oder kaufen, was nicht mit traurigen, sondern liebevollen Gefühlen an den geliebten verstorbenen Menschen erinnert und nicht Traurigkeit, sondern Wohlbehagen auslöst. Solche Dinge haben eine unvorstellbare positive Energie. Es gibt nichts Richtiges oder Falsches. Man sollte nur unterscheiden, was einem gut tut, oder nicht. Wer auf sein Herz hört, wird sich immer für das Beste in der jeweiligen Situation entscheiden. Es gibt viele Ratgeber in der Trauer. Jeder Leser wird instinktiv verspüren, was der Nachahmung wert ist, oder nicht.

Doch zwischen diesen Beschäftigungsvorschlägen kommen immer wieder diese unvorhersehbaren Trauerlöcher. So wie unser ganzes Leben, so ist auch die Trauer ein stetig wellendurchzogenes auf und ab. Nur bei der Trauer ist es durch die schicksalhafte Sensibilisierung extremer spürbar. Der Trauerweg ist nie geradlinig. Man spricht deshalb auch von einem langwierigen Prozess durch die Trauer. Phasenweises Auftreten von *nicht **wahr haben wollen, aufbrechende Emotionen, verhan-***

deln-suchen-loslassen sowie der Akzeptanz und einen neuen Selbst- und Weltbezug. Diese treten wiederholt in verschiedenen Abläufen auf und sind emotionale Grundmerkmale vieler Hinterbliebener.

Als eine wesentliche Herausforderung gilt aber das wünschenswerte Ziel, ein sinnhaftes und sinnvolles Leben wiederzuerlangen. Wer als Trauernder diesem Ziel nahe kommt oder erreicht, hat das für sich selbst anfangs unvorstellbar Unmögliche umgesetzt. Er ist durch diese Erfahrung innerlich so enorm gewachsen, dass dies für seinen restlichen Lebensweg prägend sein wird.

Die Trauer ist anfangs ein riesiger Felsbrocken, der einem im Weg liegt. Jeden Tag kratzt man ein Stück davon ab. Solange, bis er nur noch so groß ist wie ein Kieselstein. Den stecken wir uns dann in die Tasche und tragen ihn bis zu unserem eigenen Ende mit uns.

Kapitel 4
Die Trauer wird ein Gefährte

Trauer ist der Oberbegriff für alles, wodurch man schmerzhafte Verluste verarbeitet. Sie anzunehmen und nicht zu verdrängen, ist Grundstein für das Ideal, liebevolle Erinnerungen zu erreichen.
Schmerzhafte physische und psychische Zeiten sind dabei unvermeidbar. Aber auf dem Weg durch die Trauer verändern sich Ansichten und der Blickwinkel der Geschehnisse. Bei der Verdrängung hingegen können Wut, Schuld, Verständnislosigkeit bis hin zu depressiven Zukunftsgedanken ein kräftezehrender Lebensbegleiter werden.
Aber wäre es nicht sinnvoller, sich mit den Naturgesetzen des Lebens in Einklang zu bringen?
Leben unterliegt der ständigen Veränderung in Allem. Nichts bleibt wie es ist. Das gilt vom Kleinen bis zum Großen sowie im Innen und im Außen.
Verdeutlicht besagt es, dass alles, von kleinsten Bakterien über Insekten, Tieren, wir Menschen, Landschaften, unsere Erde bis hin zum Universum, alles der Veränderung unterliegt. Auch wir selbst sind im ständigen Wandel. Anfangs durch den Wachstum, gefolgt von Alterung sowie der inneren Entwicklung des Geistes, den Eigen- und Leidenschaften, bis hin zu den Ansichten auf die Dinge des Lebens.

Wenn das Schicksal ins Leben tritt, ist das den Betroffenen aber nicht mehr bewusst. Man unterlag der Illusion, alles ist und bleibt so wie es war. Der Tod ist die mächtigste und endgültigste Erfahrung, die man im Leben machen muss. Das grauenvolle Gefühl des nie mehr wiederkehren, diesen Zustand der hoffnungslosen Sinnlosigkeit überfällt alle Trauernde. Es ist die Zeit der Unbegreiflichkeit, die schuldlos ins Leben getreten ist. Das über allem liegende Fragewort **Warum,** kann auf der Ebene des gerade erlittenen keine tröstenden Antworten finden. Es ist auch nicht die eine Erkenntnis, die einen all das überwinden lässt. Vielmehr ein langsames, mühseliges sich voran-und durcharbeiten aus dem Treibsand der Traurigkeit, in dem man bei Untätigkeit zu versinken droht. Annahme ist bei Schicksalsschlägen die beste Methode, den Trauerprozess in Fluss zu bringen und heilend auf sich einwirken zu lassen.

Die meisten Menschen fürchten sich vor unkontrollierten Emotionen und dem hingeben von Tränen der Trauer. Aber erst durch die Annahme von Gefühlen geben wir ihnen die Möglichkeit zu fließen und abzubauen. Verdrängung geschieht nur im Kopf, übersteht aber im Körper. Längere Zeit im Körper bleibend, können gesundheitliche Schäden hervorgerufen werden. Herz und Magenprobleme, Kreislaufschwäche, Migräne und ständiges Unwohl

befinden resultieren nicht selten daraus.
Und wenn ärztlich schlussfolgernd verschriebene pharmazeutische Mittel eingesetzt werden, wird die Ursache letztendlich nicht gelöst, sondern abermals nur verdrängt.
Ist aber die Wertschätzung und Liebe dem Verstorbenen gegenüber nicht jede vergossene Träne und Zeit der Trauer wert?
Versuchen Sie immer behutsam gegenüber Ihrem Körper sowie mit Ihren Gedanken und Gefühlen zu sein. Trauer zu erfahren ist ein Mittel der Selbstheilung, des wieder gesundwerden von Körper und Geist. Angebotene Hilfe in Anspruch zu nehmen ist kein Zeichen von Schwäche, sondern es zeigt, dass Sie die Stärke haben, sich der Trauer zu stellen und bestrebt sind, sie in liebevolle Erinnerungen zu verwandeln.
Doch durch den Tod stirbt die Liebe nicht mit. Die Liebe ist stärker, grenzenlos und überwindet alles. Abschiede schmerzen immer, Bilder können auch keine Momente ersetzen. Doch Erinnerungen können wie Schätze im Herzen bleiben.

Trauergefühle
(Symptome und möglicher Umgang)
in alphabetischer Reihenfolge

Sie werden während des Lesens spüren, was sich gut und richtig anfühlt. Aufkommende Gefühle der Unstimmigkeit haben keinen Platz in Ihrer Trauer.

Jede Trauer ist so individuell wie wir Menschen selbst. Manches in diesem Buch entspricht sicher nicht Ihrer Ansicht und Meinung. Jedoch kann dieses Buch auch Anregungen schaffen, bisherige Ansichten, Gedanken sowie daraus resultierende Gefühle neu zu überdenken und ganz andere Überlegungen aufkommen lassen.

Ich möchte Ihnen meine Anerkennung aussprechen, dass Sie Ihrem tiefen, inneren Wunsch nachkommen, Ihre Trauer anzunehmen, und sich mit diesem Buch auseinandersetzen.

Liebevolle Erinnerungen bleiben im Herzen und kann Ihnen niemand nehmen

Ablenkung

Das Umfeld und die Trauernden selbst haben meistens die Hoffnung, durch Ablenkung ihrer Traurigkeit auszuweichen. Das Verarbeiten im ganzen Ausmaß des Verlustes und der umfassenden Veränderung des ganzen Lebens ist eine unvorstellbar große Überlebensaufgabe. Ablenkung kann in Maßen eine gewisse Erleichterung herbeiführen. Für eine heilende Trauer ist es jedoch als ständiges Mittel gegen die Traurigkeit nicht geeignet.

Ihr Herz und Kopf sind überfüllt mit Gedanken und Gefühlen über den Verstorbenen, den Tod, dem Verlustschmerz und von dem Alten, sowie jetzt neuen Leben. Und ständig kommen sehnsuchtsvolle Erinnerungen dazu.

Es ist so, als wenn Sie ein Bad einlassen und die Wanne würde überlaufen. Sie können die Badezimmertüre schließen um nicht zu sehen was passiert. Aber das Wasser wird vor der Badezimmertüre nicht Halt machen. Es läuft hinaus auf den Flur durch das ganze Haus.

Genauso verhält es sich mit der Trauer. Wenn man sich seiner Trauer nicht annimmt, kann es passieren, dass der ganze Körper in Mitleidenschaft gezogen wird. Das Herz und der Kopf sind versucht, dass alles zu realisieren. Dafür bedarf es die ganze physische und psychische Kraft von Hinterbliebenen.

Geteilte Annahme der Trauer ist das größte Bedürfnis von Betroffenen. Immer wieder darüber reden hilft Trauernden sehr, das Geschehene ganz allmählich begreiflich werden zu lassen.

Alleine
Dieser plötzliche, radikale Umbruch nach dem Verlust ist sehr schwer zu begreifen. Alle Gewohnheiten des miteinander gehören nun der Vergangenheit an.
Das Gefühl des alleine seins, in einem Umfeld, dass plötzlich so fremd wirkt und man sich unverstanden fühlt. Hinterbliebene sehnen sich so sehr nach dem Verstorbenen und dem gewohnten Leben. Beim Schlafen gehen, morgens aufwachen, beim Essen und vielen anderen Begebenheiten erfahren Trauernde schmerzhaft, welche große Lücke entstanden ist. Und es wird tagtäglich klarer, dass der geliebte Mensch nie mehr zurückkommt.
Sie werden vielleicht versucht haben sich an die Zeit zu besinnen, bevor der Verstorbene in Ihr Leben trat. Wie ist man damals ohne ihn zurechtgekommen. Gibt es überhaupt die Möglichkeit, ohne den Verstorbenen weiterzuleben?
Erst mit der Zeit, wenn es Hinterbliebenen gelingt, dem Verstorbenen einen neuen Platz im Herzen zu geben, kann aus dem körperlichen herbeisehnen

ein geistig begleitendes miteinander entstehen. Die Sehnsucht wird verständlicher Weise nie ganz vergehen. Sie kann sich jedoch als erwartungsvolle Emotion entwickeln, eines Tages, wo auch immer das sein mag, sich wieder zu begegnen. Auch das Gefühl, geistig von dem Verstorbenen begleitet zu werden, kann die Kraft der grenzenlosen, bedingungslosen Liebe stärkend in das eigene Leben mit einfließen lassen.

Ängste
Nach Schicksalsschlägen sind es meistens Lebens- und Zukunftsängste. Häufig wird versucht, sie zu verdrängen, weil sie negativ und belastend wirken. Der Großteil der Menschen möchte Ängsten aber erst gar keinen Platz einräumen. Oft haben wir es verlernt oder aberzogen bekommen. Schon Kindern wird eingeredet „du brauchst keine Angst zu haben. Jetzt ein Eis und alles ist wieder gut".
Das Gefühl der Angst ist ursprünglich, wie auch bis heute eine körperliche Schutzfunktion, die uns Menschen vor Gefahren aufmerksam machen möchte. Alle Sinne sind bis auf das Höchste gereizt und Adrenalin bringt den Körper in Spannung, um reaktionsschnell zu reagieren.
Zukunfts-und Lebensängste wirken jedoch lähmend auf Körper und Geist von Betroffenen. Trauernde fühlen sich der Situation und den daraus resultie-

renden Gefühlen hilflos ausgeliefert. Gedanken „wie soll es weiter gehen, es hat doch alles keinen Sinn mehr" sind übermächtige Gefühlsmuster, von denen Trauernde übermannt werden.

Die ersten Wochen nach dem Schicksal gilt es, nur irgendwie auszuhalten und sich mit einem verständnisvollen Freundes-und Familienkreis zu umgeben. Nur ganz allmählich löst der sich der Geist von den extrem traurigen und angsteinflößenden Gedankenschleifen, die ständig wiederholend im Kopf kreisen.

Seien Sie nicht versucht die Ängste zu verdrängen, sondern sie bejahend anzunehmen und sich ihnen zu widmen. Ein vielversprechender Ansatz, Angstzuständen entgegenzutreten ist die Information.

Buchhandlungen und seriöse Internetseiten sind in vielfacher Form erhältlich und einsehbar. Sie werden spüren, was Ihnen gut tut, Sie weiter bringt und was nicht Ihren Bedürfnissen entspricht.

Informationen können der Aufklärung dienen und die Ansicht auf Ihre Ängste wiederlegen. Es kann Ihnen einen anderen Blickwinkel auf Dinge und Ihre Situation ermöglichen, den Sie vorher gar nicht in Betracht gezogen haben.

Seien Sie versucht Ihrem Körper und Geist so behilflich zu sein, wie es nur geht. Verdrängung ist nie hilfreich. Alle Annahme von bereits vorhandenem und die damit resultierende Lösung, oder zumin-

dest ein informatives Verständnis zu erlangen, ist doch jede Mühe wert. Es wird Ihrem Leben sowie Ihrem Geist auf jeden Fall Erleichterung bringen.

Aushalten
Wenn die Realität einem gänzlich bewusst geworden ist, kein Handeln diese Situation ungeschehen machen kann und nur noch das Aushalten bleibt, dass Körper und Geist an den Rand der Belastungsfähigkeit bringt, ist dass das Schlimmste Gefühl der Trauer.
Das „nur" aushalten ist natürlich keine Lösung. Aber es ist ein ständiger Trauerbegleiter, der durch die Auseinandersetzung mit dem Schicksal und den daraus resultierenden Folgen ganz allmählich an Intensität verliert. Man kann den Tod nicht ungeschehen machen, ihn aber aus einem anderen Blickwinkel betrachten. Von Geburt an ist das Sterben in aller Leben integriert und unvermeidbar. Wir alle wissen das, möchten es aber nicht wahr haben.

Blockaden
Durch Blockaden werden Energieflüsse im Körper gestört und gestaut. Eine Art Gefühlsapathie nistet sich im Körper ein. Eindrücke des Lebens, Gespräche, Informationsaufnahme sowie positive Geschehnisse wirken nur ganz dumpf. Es entwickelt sich eine emotionale Erstarrung. Gedanken

kreisen nur noch um den Verlust, der eigenen Einsamkeit und der Schwere im Leben.

Blockaden bauen sich meistens aus Verdrängungen von Gefühlen auf. Das erfahrene Schicksal nicht annehmen wollen, sowie die daraus resultierende Auseinandersetzung mit dem Geschehenen über lange Zeit hinweg zu ignorieren, kann Blockaden hervorrufen. Doch sich auf den Verlust einzulassen und nach Perspektiven suchen, sich emotional für die traurige Realität zu öffnen, ist Grundvoraussetzung der heilenden Trauer. Emotionen zum Ausdruck bringen erleichtert durch den Fluss der Gefühle, Körper und Geist zugleich.

Dankbarkeit
Sie wirkt wie ein innerer Gegenpol zum schmerzlichen Verlust. Wer aus vollem Herzen und Überzeugung sagen kann, „ ich bin dankbar für die gemeinsame Zeit und dem vielen Gutem, dass hieraus entstanden ist, dass wir es erreicht und erlebt haben" der hat schon sehr viel und erfolgreiche Trauerarbeit geleistet.

Dieses Gefühl der Dankbarkeit bringt die Demut zum Ausdruck, die Naturgesetze von Leben und Tod anzuerkennen. Mit der Gewissheit, dass die gemeinsame Zeit mit dem Verstorbenen als Geschenk und nicht als Selbstverständlichkeit anzusehen ist. Der Weg dahin ist sicherlich sehr steinig und kurz nach dem Schicksalstag nicht realisierbar. Wenn es jedoch irgendwann aus voller Überzeugung ausgesprochen werden kann, wirkt es für Hinterbliebene sehr befreiend.

Definition/Definieren
Wir haben die Angewohnheit uns ständig zu definieren, im Vergleich mit anderen zu sehen. Aussehen, Einkommen, Mode, Besitz, u.s.w..
Durch den Tod des Partners stirbt manchmal auch das eigene Selbstwertgefühl. Trauernde fühlen sich oft nur noch geduldet. Die anderen sind noch glücklich, weil sie keinen Menschen verloren haben.
Doch mindestens die Hälfte der Menschheit wird eines Tages mit der Trauer um einen geliebten Menschen konfrontiert. Und dann denken die anderen sehr wahrscheinlich neidisch, wie lebensbejahend Sie ihren Trauerweg gegangen sind.
*Definitionen verlieren beim Austausch mit Gleichbetroffenen oft ihre Wirkung. Auf einer Internetseite für Verwitwete (**www.verwitwet.de**) können Trauernde ihre Erfahrungen schildern und von anderen kennenlernen. Es ist ein hilfreiches, wohltuendes miteinander, wo Jeder Jeden versteht.*

*Dankbarkeit
für das gemeinsam erlebte,
ein wichtiger Schritt in
der heilenden Trauer*

Durchfühlter Trauerschmerz
Der in der Trauer empfundene Schmerz lässt sich nicht mit herkömmlichen Verletzungen vergleichen. Der ganze Körper und alles was Kopf gedacht wird, verursacht Gefühle von Schwere, Angst, Ausweglosigkeit, Wut, Einsamkeit und dies alles nicht mehr ertragen zu können. Der Lebenssinn geht total verloren. Es gibt absolut nichts, was einen noch antreiben könnte. Es ist für Betroffene im wahrsten Sinne des Wortes der Weltuntergang.
Nur ganz behutsam, möglichst nicht überfordernd und schützend auf sich selbst achtend, kann dieser Zustand ganz allmählich überwunden werden. In ganz kleinen Schritten Aufgaben übernehmen und anderen zu verstehen geben, wenn man sich kraftlos fühlt. Denn Überforderung ist das letzte, was Trauernde in dieser Situation brauchen können.

Emotionale Bindung
Diese gibt Hinterbliebenen das Gefühl, dem Verstorbenen nahe zu sein und von ihm begleitet zu werden, auf seinem Weg durch das neue Leben.
Jedoch ist diese Bindung nur in Maßen zu raten. Denn das ständige herbeisehnen ohne Unterlass, führt leicht zur Abhängig-und Hilflosigkeit und zu einem stetigen Gefühl des Mangels.
Ein normales Maß an wohltuender Kommunikation mit dem Verstorbenen führt zu einem gesunden

Umgang mit dem Jenseits.

Erinnerungen
Die wie Endlosschleifen ständig vor dem geistigen Auge ablaufen. Sie assoziieren einem Liebe, Zweisamkeit, Glück, Geborgenheit, Sicherheit. In Zeiten der Trauer geben diese Erinnerungen jedoch eher das Gefühl von Einsamkeit, Furcht, Zukunftsängsten und das es das nie mehr geben wird. Anfangs können und möchten Trauernde sich von diesen Erinnerungen nicht freimachen. Die Sehnsucht nach der Vergangenheit ist verständlicher Weise so überwältigend, dass auch der Schmerz, der damit verbunden ist, billigend in Kauf genommen wird.
Der beschwerlichste Umgang mit den Erinnerungen wäre ständiges herbeisehnen der Vergangenheit, die sich wie ein Stachel im Herz anfühlt. Die Annahme der neuen Realität und das die Trauer in liebevolle Erinnerungen übergeht, ist für Hinterbliebene das erstrebenswerteste Ziel überhaupt. Dies kann aber nur entstehen, wenn man mit der Zeit das Geschehene, so schwer man es sich anfangs auch vorstellt, annehmen und respektieren lernt.

Erlösung

Beim Ableben nach langer schwerer Krankheit tritt bei den Hinterbliebenen öfters ein Gefühl der Erleichterung ein. Der Tod, nicht mehr abwendbar, hat den Erkrankten letztendlich von seinem Leid erlöst.

Das Leben des Hinterbliebenen, das ständig von Sorge, Aufopferung und des mitansehen müssen geprägt war, weil der geliebte Mensch immer weiter abbaute, dieser Lebensabschnitt hat ein Ende gefunden.

Hinterbliebene setzen sich in der Lebensendphase des Verstorbenen unweigerlich mit dessen Ableben auseinander. Wie wird das Leben ohne den geliebten Menschen weitergehen? Aber alle Vorstellungkraft kann die Realität nicht ansatzweise wiedergeben.

Meistens körperlich ausgelaugt, der Kopf leer vom ständigen Wechsel zwischen Hoffen und Bangen, fühlen sich Angehörige kurzzeitig von den Sorgen und aufopferungsvollen Mühen befreit.

Doch die empfundene Dankbarkeit der Erlösung währt nur kurzzeitig und tritt erst einige Zeit später, rückblickend wieder auf. Das Gefühl der Trauer überkommt Hinterbliebene im Gegensatz zu einem plötzlichen Tod meistens zeitversetzt.

Fragen Sie sich selbst (ca. nach einem Jahr)
Was fühlen Sie bei Erinnerungen an den Verstorbenen?
Wo und was ist der geliebte Mensch Ihrer Ansicht nach jetzt?
Ist Traurigkeit die Zukunftsvision Ihrer Gefühle, mit dem Schicksal umzugehen? Sind Sie erfüllt von dem Gedanken, glücklich sein spielt in meinem Leben keine Rolle mehr?
Ist das Leiden zu einem ausfüllenden Bestandteil Ihres Lebens geworden?
Können Sie sich vorstellen, dass sich die Trauer im Laufe der Zeit zu Selbstmitleid entwickelt, dem Verstorbenen nie mehr Nahe sein zu können?
Fragen Sie sich bitte selbst, ist das alles wahr und richtig, was ich denke?
Es ist von Zeit zu Zeit ratsam, sich diese Fragen selbst zu stellen, oder sich stellen zu lassen. Es kann aufzeigen, ob der vollzogene Weg durch die Trauer eine heilsame Entwicklung nimmt, oder man sich wie in eine Sackgasse mit langzeitlichen Depressionen hineinmanövriert. Dann wäre fachliche Hilfe dringend zu empfehlen.

Freundschaften
Im Laufe der Trauer werden Sie spüren, dass einem manche Freunde und Bekannte fremd werden. Man fühlt sich in ihrer Gegenwart einfach unwohl.

Oder der Kontakt bricht einfach ab.

Das mag daran liegen, dass einem beim Kontakt stets vor Augen geführt wird, hier fehlt der Verstorbene. Das Gefühl der Beklemmung liegt meist über den Gesprächen. Hinterbliebene werden damit konfrontiert, wie andere ihre Gemeinsamkeit weiterleben können, die einem Selbst versagt worden ist. Halten Sie nicht zwanghaft an irgendetwas fest, was Ihnen nicht gut tut und Ihrem Trauerweg nicht förderlich ist. Sprechen Sie am besten alle Ihre Gefühle offen aus. Es wird Sie erleichtern und Ihr Umfeld kann sich besser auf Sie einstellen. Mit den richtigen Worten werden die meisten für Ihre Entscheidung Verständnis zeigen und Ihnen Entlastung bringen.

Friedhof
Der Friedhof wird von Trauernden nur teilweise als wohltuender Ort der Begegnung mit dem Verstorbenen verstanden.

Für viele ist es jedoch der tägliche Treffpunkt, dem geliebten Menschen am Grab nahe zu sein. Die letzte Ruhestätte so schön wie möglich zu gestalten. Das vermeintlich Einzige und Letzte, was einem noch möglich ist. Andere stehen dem Ganzen eher distanziert gegenüber. Sie scheuen sich regelrecht, den Friedhof zu besuchen. Nur die grabpflegerische Pflicht lässt sie den Besuch als unabwendbar erscheinen. Ihr Band zu dem Verstorbenen sind dann meist Bilder, Kleidung oder sonstige persönliche Gegenstände des Verstorbenen. Jedes Ritual hat seinen Sinn und seine Berechtigung. Hauptsache ist nur, dass es sich für Betroffenen gut und richtig anfühlt. Schuldgefühle oder ein schlechtes Gewissen anderen gegenüber sind unbegründet, weil keiner bereit wäre, ihren Weg in ihren Schuhen zu gehen.

Gefühlsausdrücke
Durch Annahme unserer Gedanken und die daraus entstehenden Gefühle, sie bejahend zuzulassen und ihnen die Möglichkeit des Ausdrucks zu geben, können Trauernden aufzeigen, wie und was in ihnen vorgeht. In welcher Beziehung sie zu ihrem Verstorbenen stehen.

Ein Bild malen, ohne eine Themenvorgabe, Musik auswählen, die die aktuelle Stimmung wiederspiegelt. Oder ein Tagebuch führen, Gedichte schreiben. Alles das, was aus der Emotion heraus momentan gefühlt, durchlebt und unternommen werden möchte.

Wird das Bild mit dunklen Farben, düsteren Motiven gestaltet, die Musikrichtung eher von Melancholie bestimmt und ist in den Texten des Geschriebenen viel Schwere und Traurigkeit enthalten, lässt uns das alles unser Seelenleben vor Augen führen. Aber auch Sehnsüchte, die hier zum Ausdruck kommen, können darauf hinweisen, wohin der jeweilige Trauerabschnitt führt. Nicht immer ist der alltägliche Besuch am Grab für den Hinterbliebenen förderlich. Manchmal braucht es eine gewisse Distanz, um sich wieder auf die Nähe des Verstorbenen, auf die Friedhofsatmosphäre einzulassen. Alles hat seine Berechtigung und dient dem Vorangehen durch die Trauer. Alle unsere Gefühle möchten angenommen werden. Es sind die Folgen unserer Gedanken. Und jeder selbst hat die Wahl, welche Reaktion daraus entsteht. Alles im Leben beruht auf dem Prinzip Ursache und Wirkung.

Geschwistertod

In diesem Fall haben es hinterbliebene Geschwister besonders schwer. Im Umfeld wird zum größten Teil die Elterntrauer wahrgenommen.

Geschwister versuchen nicht nur mit ihrem eigenen Schmerz fertig zu werden, gleichzeitig haben sie das Verlangen, ihren Eltern den Verlust des anderen Kindes mit allen Mitteln zu ersetzen.

Es übernimmt ungefragt Aufgaben des Verstorbenen, um so Vater und Mutter zu entlasten. Die eigene Trauer sowie ihre Ängste und Verzweiflung werden so gut es geht nicht an die Eltern herangetragen. Es sollte sie nicht noch zusätzlich belasten. Geschwister sind meist die stärksten Mitglieder in der restlichen Familie.

Gesprächsbedarf
Trauernde haben ein großes Bedürfnis, immer und immer wieder über das geschehene Schicksal zu sprechen. Doch auch viele offene Fragen, von denen viele meistens gar nicht beantwortet werden können, kreisen in Endlosschleifen durch die Gedanken von Hinterbliebenen.
Die Auseinandersetzung mit dem Unfassbaren und sich mit Freunden und Familie auseinanderzusetzen, ermöglicht eine allmähliche Realisierung der Geschehnisse. Sich alles von der Seele reden, sein Herzen öffnen, befreit und macht Platz für neue Gedanken sowie für die daraus entstehenden Gefühle. Verdrängung lässt die Trauer wie ein Geschwür in Körper und Geist wachsen. Dadurch entstehen Blockaden, die Hinterbliebene erschwerend belasten. Sie bleiben dadurch in der Trauer stecken und kommen dann meist ohne fremde Hilfe nicht mehr heraus.

Handlungsunfähigkeit
Der Tod eines vertrauten, geliebten Menschen ist immer ein Erlebnis tiefster Ohnmacht. Es ist etwas geschehen, worauf man keinen Einfluss nehmen konnte.
All unsere Liebe, Wissen und Fürsorge konnten das Leben nicht erhalten. Man hatte keine Möglichkeiten, den Verstorbenen und uns selbst vor diesem

einschneidenden Erlebnis, das mit Schmerzen, Verwirrungen und Ängsten begleitet ist, zu bewahren. Es führt zu Beginn der Trauer meist zum Gefühl der Machtlosigkeit, auch sein eigenes Leben nicht mehr im Griff zu haben. Man ist dem Schicksal hilflos ausgeliefert.

Es wäre jedoch nicht ratsam, diese Lebensauffassung des unfähigen Handelns und Gestaltens des eigenen Ichs, als Grundgedanke des weiteren Lebens anzusehen und sich allen einfach ausgeliefert zu fühlen. Wir Menschen sind alle Schöpferwesen. Jeder hat immer die Wahl was er denken möchte und wie er danach handelt.

*Seien Sie mit sich selbst geduldig.
Trauer braucht solange,
wie sie dauert*

Ideale
Heile Welt und glückliche Familien werden einem durch die Gesellschaft und den Medien immer wieder einsuggeriert. Es ist auch ein wundervolles und erstrebenswertes Ziel.
Aber wenn durch den Tod die Familie nicht mehr komplett ist, schmerzen solche Bilder. Es zeigt den Hinterbliebenen immer wieder auf, was man verloren hat und nie mehr gelebt werden kann. Erst mit der Zeit bekommen der Alltag und das Bild der Familie eine neue Struktur. Erzwungenes wird sich immer falsch anfühlen. Gibt man sich jedoch die nötige Zeit, wächst man in die Veränderung hinein. Und dort wird auch der Verstorbene seinen neuen Platz finden. Geben Sie sich und Ihrer Trauer die nötigte Zeit, alle diese Veränderungen in Ihr Leben zu integrieren.

Intervalle der Trauer
Wie alles im Universum, so unterliegt auch die Trauer gewissen Intervallen. Meeresgezeiten, Tag und Nacht, Sommer und Winter. So ist auch in der Trauer selbst nie eine Gradlinigkeit der Besserung festzustellen. Den Trauerweg beschreitet man meist mit zwei Schritten vorwärts und wieder einen zurück.
Ständiges auf und ab von einer Sekunde auf die andere, beherrscht das Gefühlsleben von

Hinterbliebenen. Eindrücke wie Musik, Gerüche oder Orten können Trauernde aus der Fassung bringen. Es dauert eine gewisse Zeit, individuell verschieden, bis nur noch kleine Trauerlöcher den Verlust erträglicher machen. Und jeder wird für sich selbst Wege finden, um dort wieder heraus zu finden. Betroffene entwickeln eigene Strategien und lernen damit umzugehen.

Die Trauer ist Anfangs ein großer Fels, der einem im Weg liegt. Jeden Tag kratzt man ein Stück davon ab. Solange, bis aus dem Fels nur noch ein kleiner Kieselstein übrig geblieben ist. Den steckt man sich dann in die Tasche und trägt ihn bis zu seinem Ende mit sich.

Menschen, die uns wichtig waren, können nie in Vergessenheit geraten. Dafür sorgt die Liebe, die wir für sie empfinden. Und diese Liebe wird grenzenlos und an keine Bedingungen geknüpft sein.

Kontakte
Zu Beginn der Trauer haben die meisten Hinterbliebenen das unbändige Verlangen, mit Ihren Liebsten in Kontakt zu treten. Es gibt so vieles, worüber man sich austauschen möchte und so vieles, was ungesagt blieb. Aber erst nach einigen Wochen oder sogar Monaten, wenn die heftige Anfangstrauer sich etwas beruhigt hat, die Hinterbliebenen sensibler auf ihre Umwelt reagieren können, sind viele Fälle von Kontakten mit dem Jenseits durch Befragungen und Erzählungen überliefert.

Manche erkennen für sich Zeichen aus dem Jenseits. Andere halten diese Eindrücke für eingebildete Wunschvorstellungen, verursacht durch die Sehnsucht, mit dem Verstorbenen in Verbindung zu treten. Menschen, die den Glauben an Jenseitskontakte haben, empfangen für sich meistens keine klaren Worte, sondern eher Gefühlswahrnehmungen. Es sind keine direkten Unterhaltungen, sondern Konversationen auf einer geistigen Ebene. Und wer diese Kontakte als Bereicherung der Trauer und nicht als lebensnotwendige Verbindung zum Jenseits versteht, lebt in einem gesunden Verhältnis zu seinem geliebten Verstorbenen.

Gefühle sind spürbare Gedanken. Ihnen Ausdruck zu geben, lindert Körper und Geist

Leid ertragen

Körperliches und seelisches Leid wird von allen Menschen im Laufe ihres Lebens irgendwann einmal erfahren. Wenn man Schicksale durch eigenes Handeln nicht ändern kann, sondern nur noch die Möglichkeit hat, das Ganze aushalten und sich mit dem Geschehenen auseinander zu setzen bleibt, wird dieser Prozess als Leidenszeit beschrieben.

Beobachtungen haben gezeigt, dass Menschen, gerade durch das ertragene Leid in ungeahnter Weise geistig wachsen. Sie erfahren eine neue Einstellung zum Leben und überdenken diese aus der Not geborene neue Sicht auf sich und die Welt. Wenn das ganze Leben eines Trauernden der Veränderung unterliegt, ist die logische Konsequenz daraus, dass auch bei einem selbst Neuordnungen eintreten. Es ist der Lebenserhaltungstrieb, der einen veranlasst, sich den gegebenen Umständen anzupassen. Wer bereits schweres Leid erfahren hat, sieht andere negative Ereignisse in einer neuen Relation, mit der man souveräner umgehen kann. Wenn man aus eigener Sicht das Schlimmste durchlebt und angenommen hat, steht man anderen Problemen gelassener gegenüber. Aus dem Leid entsteht oft ein Gefühl der Demut, das Leben dankbarer zu erfahren und nicht alles als selbstverständlich anzusehen.

*Ein Verlust ändert alles.
Nicht nur das Leben,
sondern auch den
Trauernden selbst*

Leid ertragen

Körperliches und seelisches Leid wird von allen Menschen im Laufe ihres Lebens irgendwann einmal erfahren. Wenn man Schicksale durch eigenes Handeln nicht ändern kann. Nur noch die Möglichkeit das Ganze aushalten und sich mit dem Geschehen auseinander zu setzen bleibt, wird dieser Prozess als Leidenszeit beschrieben.

Beobachtungen haben gezeigt, dass Menschen, gerade durch das ertragene Leid in ungeahnter Weise geistig wachsen. Sie erfahren eine neue Einstellung zum Leben und überdenken diese aus der Not geborene neue Sicht auf sich und die Welt. Wenn das ganze Leben eines Trauernden der Veränderung unterliegt, ist die logische Konsequenz daraus, dass auch bei einem selbst Neuordnungen eintreten. Es ist der Lebenserhaltungstrieb, der einen veranlasst, sich den gegebenen Umständen anzupassen. Wer bereits schweres Leid erfahren hat, sieht andere negative Ereignisse in einer neuen Relation, mit der man souveräner umgehen kann. Wenn man aus eigener Sicht das Schlimmste durchlebt und angenommen hat, steht man anderen Problemen gelassener gegenüber. Aus dem Leid entsteht oft ein Gefühl der Demut, das Leben dankbarer zu erfahren und nicht alles als selbstverständlich anzusehen.

Lesen
Lesen wird von vielen Menschen als pauken für die Schule assoziiert. Doch durch Lektüre kann man nicht nur Informationen sammeln, sondern auch Erfahrungen anderer eventuell für sich selber nutzen.

Wenn die Kraft und Zeit es zulässt, ist es eine große Hilfe, über die Dinge die einen beschäftigen, ängstigen, verzweifeln lassen, zu lesen. Nichts bringt mehr Klarheit und Licht in negative Gedanken als Information. Es lässt einen die Dinge aus einem anderen Blickwinkel erkennen und auf sich wirken. Erfährt man, wie andere Menschen mit Dingen, die einen selbst beschäftigen, umgegangen sind und kann das bejahend nachvollziehen, löst das meistens die eigene Voreingenommenheit. Wohltuende Lektüre kann dem Körper und dem Geist sehr hilfreich sein, Linderung in der Trauer zu erfahren.

Wenn sie Bücher nicht mit Ihrer inneren Zustimmung lesen können, legen Sie es einfach weg. Dann ist das kein Buch für Sie, oder nicht der richtige Moment.

Liebe
Liebe ist die stärkste Energie, sowie das größte und schönste Geschenk, das man auf dieser Welt erfahren und empfinden kann. Alles was aus Liebe heraus geschieht, geht mit ungeheurer Energie und

Leichtigkeit einher.

Trauer ist gefühlte Liebe auf das, was man verloren hat. Was für einen selbst keinen Wert hat, braucht nicht betrauert zu werden. Was kein Gewicht hat in unserem Leben, kann einem den Abschied nicht schwer machen.

Aber der Verlust eines geliebten Menschen, mit dem man so vieles erlebt, erschaffen und noch geplant hatte, zieht einem den Boden unter den Füßen weg. Man hat das Gefühl, das eigene Herz wäre einem herausgerissen worden.

In einem Buch stand ein Vergleich mit der Trauer, **"wie wenn in einem Park zwei dicht aneinander gewachsene Bäume stehen und einer gefällt wird. Die ineinander verästelten Baumkronen brechen ab. Der noch stehende Baum wirkt von der Seite, wo vorher der andere Baum stand vom Wetter her angreifbar und ungeschützt. Er war auf dieser Seite eng mit dem anderen Baum ineinander verwachsen und wirkt deshalb jetzt so kahl und unvollständig".** *Eigentlich genau so, wie sich Trauernde fühlen.*

Der geliebte Mensch ist zwar körperlich nicht mehr da, aber die Liebe wird durch seinen Tod nicht vergehen. Sie steigt empor auf eine geistige Ebene. Wenn man es zulässt, ist der Verstorbene näher, als er es zu Lebzeiten je sein konnte. Liebe ist die größte Energie im Universum. Sie kann wahrlich Berge ver setzen, so wie auch den Himmel und die Erde zusammen führen. Wer sich für solche Gedanken und Gefühle öffnen kann, wird die Trauer wesentlich leichter ertragen.

Mobile
Trauernden wird oft anhand eines Mobiles der Verlust eines Familienmitgliedes veranschaulicht. Das ganze Gebilde steht für Einklang, Ausgewogenheit und Gleichgewicht. Es wirkt als Sinnbild für Perfektion.
Eine Figur aus dem Mobile ausgeschnitten, ergibt das Gleiche, wie wenn ein Mensch aus der Familie verstirbt. Das Gefüge fällt in sich zusammen. Keine Figur kann die Position halten. Ein neuordnen für die Genesung ist notwendig, um ein Gleichgewicht, wie das von einem Mobile, wieder herzustellen. Dies bedarf einen behutsamen, unterstützenden und geduldigen Umgang aller Familienmitglieder.

Musik
Musik begleitet einen das Leben lang. Angefangen von der Spieluhr im Babyalter, oder Musik die immer gehört wurde als man sich das erste Mal verliebt hat. Der Hochzeitswalzer bis hin zum Trauermarsch auf der Beerdigung.
Musik kann ein enormer Helfer und Gefühlsanreger in der Trauer sein. Je nach Gemütslage, deprimiert,

wütend, traurig oder euphorisch kann Musik unterstützend wirken und die jeweilig gefühlten Emotionen intensiver empfinden lassen. Sie hilft Betroffenen, sich dieser ganz hin zu geben und sie fließen zu lassen. Zwingen Sie sich nicht dazu. Aber Musik kann viel bewirken und auslösen.

Nein
Ein Zwischenzeitliches nein zum Schicksal über kurze Zeiträume hinweg ist verständlich. Das langfristige nein zur Trauer und dem Ist Zustand kann sich jedoch blockierend auf Geist und Körper auswirken.
Nein, der geliebte Mensch soll nicht tot sein. Nein, das Leben ist nicht gerecht. Nein, das ist alles nicht wahr. Nein, ich will das alles nicht.
Solche aufkommenden Gedanken sind nachvollziehbar. Aber wenn man sich auf diese Gedanken versteift und mit dem realen, neuen Leben gar keinen Bezug aufbauen kann, ist Hilfe und Rat von Fachleuten ratsam. Dadurch wird nämlich versucht, in einer Phantasiewelt weiter zu leben, in der man keine Erfüllung finden kann.

Personifiziertes Schicksal
In Freundes,- Familien- und Bekanntenkreisen sind Hinterbliebene das Symbol für Unglück, Verzweiflung, Schicksal, Verlust und Tod. Man versucht Trauernden möglichst auszuweichen.
Das Umfeld hat große Sorge, sich falsch zu verhalten und etwas Unpassendes zu sagen. Gespräche wirken gezwungen, gespickt mit peinlichen Redelücken. Aber Betroffene wären gut beraten, nicht negativ auf solches Verhalten zu reagieren. Vielmehr sollte man sich fragen, wie man früher selbst mit diesen Situationen umgegangen ist. Auch ein Gespräch, dass der Betroffene sucht und in dem geklärt wird, dass man sich eine Weile nicht sehen sollte, wäre für beide Seiten von Vorteil. Dieses Unwohlgefühl bei Begegnungen ist nicht durch die Person selbst hervorgerufen, sondern den neuen Umständen geschuldet. Und dadurch wird der Verlust für den Hinterbliebenen, sowie dem Gegenüber, immer wieder vor Augen geführt. Manche Freundschaften enden, aber es werden auch neue entstehen. Und ein neuer Bekanntenkreis sieht keine Lücke, die hinterlassen wurde, sondern den Hinterbliebenen als Einzelperson. Das macht die Begegnungen leichter und zwanglos.

Persönliche Gegenstände des Verstorbenen
Am Anfang der Trauer ist die Kleidung des Verstor-

benen für Hinterbliebene wie ein Schatz. Animalisch halten sich Trauernde getragene Anziehsachen vor ihr Gesicht und sind versucht, Gerüche des Verstorbenen aus der Kleidung förmlich herauszusaugen. Alltagsgegenstände, wie die Kaffeetasse, Geldbörse, Schlüssel, Zahnbürste, u.s.w.. Oder der Kamm, in dem noch Haare des geliebten Menschen stecken. Man hält tatsächlich noch einen Teil von dem geliebten Menschen in den Händen, der nie mehr zurückkommt.

Lassen Sie sich bitte von keinem Menschen einreden, dass es an der Zeit ist, die persönlichen Gegenstände des Verstorbenen zu entfernen und abzugeben. Machen Sie es dann, und nur dann, wenn es sich für Sie selbst stimmig und richtig anfühlt. Schmerzhaft und wehmütig wird es ohnehin von statten gehen. Aber es geht mit Ihrer inneren Zustimmung einher. Und das wird sich für Sie erträglicher anfühlen.

Plötzlicher Tod
Von einer Sekunde auf die andere aus dem Leben gerissen. Durch Unfall, Herzversagen, Verbrechen oder ähnlichem wird von den Hinterbliebenen meist mit einer schockartigen Reaktion erlebt. Der Boden ist einem unter den Füßen entrissen worden.

Fragen nach dem „warum" und die Suche nach Schuldigen, stehen nach plötzlichen Todesarten stärker im Vordergrund, als nach einem erlösenden Dahinscheiden in Folge einer langen Krankheit.

Die Suche nach Vorzeichen, die vor dem Schicksal hätten warnen können, lässt Hinterbliebene meist nicht zur Ruhe kommen. Ohne Abschied, nie mehr mit einander reden, sich austauschen. Rückblickend gibt es noch so viel zu sagen.

Wenn das Herz noch voll von Worten und Gedanken ist, die bei dem Verstorbenen kein Gehör mehr finden, dann wäre ein Brief eine gute Alternative. Alles das, was dem geliebten Menschen noch mitgeteilt werden möchte, kann zu Papier gebracht werden. Als weitere Möglichkeit kann man diesen dem Grab beilegen, oder zu dem Bild, das in der Wohnung als Erinnerungsecke seinen Platz gefunden hat. Oder aber den Brief verbrennen. Der Rauch steigt symbolisch in den Himmel und erreicht dort seinen Empfänger. Spüren Sie, was Ihnen am besten gefällt.

Rituale

Gleichbleibende, regelmäßige Vorgehensweisen nach einer festgelegten Ordnung, werden als Rituale bezeichnet. Sie dienen Hinterbliebenen beim Andenken, sowie der Trauerverarbeitung durch strukturverankerte Wiederholung. Rituale geben denen, die sie abhalten eine gewisse Sicherheit und Struktur. Sie unterliegen nur unwesentlichen Veränderungen.

Rituale werden in anderen Kulturen und Gesellschaften gemeinsam in großen Kreisen zelebriert. Hierzulande war das in früheren Zeiten die Totenwache. Alle Nachbarn, die Familie und Freunde kamen in das Haus des Verstorbenen, der zurecht gemacht in seinem Bett lag. So hatte jeder die Gelegenheit den Toten zu sehen, es im wahrsten Sinne des Wortes zu begreifen. Den verstorbenen Menschen wirklich tot zu sehen, bedarf zwar einer gewissen Überwindung, ist aber sehr hilfreich bei der Realisation, die für die Trauer so grundlegend wichtig ist. Der Tod wurde nicht wie heute, verdrängt, sondern erlebt und gelebt. Andere Kulturkreise singen Klagegesänge und tanzen, um ihren Gefühlen Ausdruck zu verleihen.

Emotionen zeigen ist immer ein wichtiges Ventil, um dem Geist und dem Herzen die Möglichkeit zu verschaffen, sich zu entladend und zu entlasten.

Schlechtes Gewissen
Im ersten Trauerjahr ist es pietätlos, Partys oder Musikveranstaltungen zu besuchen. Gefühle wie Lachen und Freude zu empfinden und zuzulassen werden vom Umfeld ungerne gesehen.
Sie können fest davon ausgehen, unter ständiger

Beobachtung und Beurteilung ihres Familien und Freundeskreises zu stehen. Versucht man allen gerecht zu werden, kann dies niemals zum gewünschten Erfolg führen. Bleibt man jedoch versucht sich selbst treu zu bleiben, seinen eigenen Befindlichkeiten und Sehnsüchten nach zu kommen ist dies der sicherste Weg, ein gewisses Maß an Wohlbefinden zurück zu erlangen. Der richtige Zeitpunkt um wieder zu lachen, Veranstaltungen zu besuchen ist der, wenn es sich für Sie selbst gut und richtig anfühlt. Vertrauen sie ihrem Herzgefühl, denn das Herz lügt nie.

Schmerz
In der heutigen Zeit wird der Schmerz (körperlich oder seelisch) nicht mehr als Warnbotschaft des Körpers, sondern als zu bekämpfendes Signal wahrgenommen.
In der heutigen Zeit pflegen Menschen Gegenstände wie Autos (Wäsche, Lackpflege, Inspektion, Tuning) und Computer (Virenprogramme, Updates, Firewall) mehr und intensiver, als ihr eigenes Ich. Der Körper hat nur zu funktionieren. Dabei sollte er uns aber bis ins hohe Alter dienlich sein.
Es werden alle möglichen Substanzen genutzt, um den Beschwerden zu entfliehen. Alkohol, Arzneimittel, Drogen. Sogar übermäßige Nahrung, Workaholic und sogenannter Freizeitstress werden

genutzt, um Schmerzen, Unbehagen, negative Gedanken und sonstigem zu entfliehen und nichtmehr zu spüren. Aber wenn der Körper Überbelastung und falsche Abläufe als Schmerz oder andere Krankheitszeichen signalisiert, wäre es am besten, sich diesen liebevoll anzunehmen und gut für sich zu sorgen. Das gilt im Besonderen für den Trauerschmerz.

Schuldgefühle
Sie haben meist den Ursprung, sich mit der aktuellen Situation nicht abfinden zu können. Es muss die eigene Schuld sein, oder zumindest die eines Anderen. Und wenn jemand Schuld hat, wurde etwas falsch gemacht oder die falsche Entscheidung getroffen.
Schuldgefühle nehmen anfangs meist einen immensen Raum der Gefühlswelt ein. Es kann dazu als Band dienen, den diese Emotionen mit sich bringen, die Verbindung zu dem Verstorbenen aufrecht zuerhalten. Eigene Schuldzuweisungen führen aber automatisch auch immer zu einer gewissen Opferhaltung. Es führt zum Selbsteingeständnis, machtlos zu sein.
Aber alle Menschen haben immer die Wahl, in jeder Sekunde ihres Lebens, schöpferisch ihren Gedanken und ihrem Handeln eine neue Richtung zu geben. Gerade in der Trauer sinkt alles auf einen Nullpunkt, das gesamte Leben wird hinterfragt. Alles

wirkt so übermächtig, unvertraut und fremd. Alle ängstlichen Gedanken, die die Gegenwart und Zukunft betreffen, sind eine logische Konsequenz. Nur sollte man sich nach geraumer Zeit fragen, ob dies wirklich der Wahrheit entspricht.
Jeder hat die Möglichkeit, sich dem Schicksal nicht tatenlos hinzugeben. Es ist immer die eigene Entscheidung, wie man leben möchte.

Schwäche zeigen
Heutzutage ist das zeigen von Gefühlen der Schwäche ein Merkmal von Niederlage. Auf Fragen wie "Na, wie geht es dir" antworten die meisten „gut, danke-es geht, muss schon, alles beim alten" und so weiter.
Wer aber mutig genug ist auch einmal Schwäche zu zeigen, würde sich wundern, welche Reaktionen und Antworten er erhält. Der Fragende wird dann wahrscheinlich seine eigene Befindlichkeit auch ehrlicher beantworten. Gerade in der anfänglichen Trauer sind Hinterbliebene schwach und sehnen sich nach hilfreichem Beistand. Schwäche zeigen wurde uns Menschen abgewöhnt. Warum sind die Sprechstunden von Psychiatern denn so überfüllt? Weil man sich mit seinen Sorgen und seinem Kummer an Unüberwindlichem nicht mehr mit Freunden austauscht. Und dann müssen bezahlte Fachleute herhalten. Zuhören und Gefühle zeigen

ist heute wichtiger denn je. Richtige Stärke zeigt derjenige, der sich selbst und anderen Schwäche eingestehen kann. Denn Ehrlichkeit kann nur derjenige erwarten, der es vorlebt.

Sehnsucht
Das Verlangen nach der Vergangenheit und der dazu konträre „Istzustand" zerreißt Trauernde förmlich. Sie versuchen oft die Realität zu verdrängen und in der Erinnerungen zu leben. Den geliebten Menschen und das alte, gewohnte Leben zurückerhalten, ist zum Trauerbeginn der größte Wunsch. Unerfüllbare Sehnsucht kann so schmerzvoll sein, dass sogar das Atmen schwerfällt.
Wer es ertragen kann, nimmt Bilder der Gemeinsamkeit, um das Verlangen etwas zu stillen. Aber Fotos können keine Momente ersetzen und führen vor Augen, was nie mehr sein wird. Erst allmählich entwickeln sich die Erinnerungen an das alte Leben zu einem wertvollen Schatz im Herzen, der nie verloren geht.

*Liebe ist stärker
als der Tod.
Sie stirbt nie
und überwindet alles*

Selbstmitleid

Gefühle der Einsamkeit, Hilflosigkeit, ohne den Verstorbenen wertlos zu sein, sich selbst nicht mehr als Ganzes zu empfinden und die Trauer nicht zu überstehen. Alle diese Emotionen sind Eindrücke für das Selbstmitleid. Auf den Verlust des geliebten Menschen bezogen ist das völlig verständlich.

Jedoch auf die Zukunft und der damit einhergehenden Hoffnungslosigkeit übertragen, wirkt es stark hemmend. Für die Annahme der Trauer selbst verantwortlich zu sein, aktiv und schöpferisch die Initiative des Handelns zu übernehmen, braucht selbstverständlich seine Zeit. Stellen Sie sich bitte von Zeit zu Zeit hierzu selbst ein paar Fragen:

Bin ich erfüllt davon, der Welt zu zeigen, das glücklich sein in meinem Leben keine Rolle mehr spielt?

Glaube ich, dass der Verstorbene mit Zufriedenheit auf meinen Zustand reagiert?

Füllt mich das Leiden mit Zufriedenheit aus, oder bin ich das dem Verstorbenen schuldig?

Ist das alles wahr und richtig, was es in mir denkt?

Wenn Fragen keine Antworten finden, darf man dem Glauben und seinem Herzen vertrauen

Sinnhaftigkeit
Immer wenn auf der Welt, oder einem selbst etwas furchtbares passiert, fragt man sich, welchen Sinn das haben soll. Bei vielen Trauernden entsteht zusätzlich ein Vertrauensverlust an Gott, der Welt und in das Leben allgemein. Man fühlt sich völlig verunsichert.
Wenn Schicksale erlebt werden, macht sich Beängstigung breit. Jeder weiß, dass das Leben nicht unendlich ist, doch meistens unbewusst. Wer nicht betroffenen ist, verdrängt die Auseinandersetzung mit dem Tod.
Bitte beschimpfen Sie mich nicht, wenn ich trotz des Verlustes meiner geliebten Frau behaupte, dass es im Universum nichts Sinnloses gibt. Alles hat seine Berechtigung und darf da sein.
Es gibt nie die richtige Zeit, wenn ein Mensch eines Tages stirbt.
Aber von der Natur her ist alles vergänglich und unterliegt ständiger Veränderung. Alles greift ineinander und entwickelt sich weiter. Wenn man einen kleinen Teil, wie zum Beispiel ein Menschenleben aus dem Gesamten herausnimmt, bleibt vieles unerklärlich. Erst unter Berücksichtigung des Ganzen, lassen sich Bedeutung und Geschehnisse erkennen. Und alles Große und noch so winzige Teilchen gehört mit zu dem großen Ganzen. Also im Grunde genommen wirkt alles auf einander ein, al-

les hat seine Berechtigung und folgt einem göttlichen Plan. Aus persönlicher Sicht wirken menschliche Schicksale als ungerecht, nicht nachvollziehbar und völlig grundlos. Doch so unverständlich es sich anfänglich anhört, ohne Unglück gäbe es kein Glück, ohne Schwäche keine Stärke, ohne Dunkelheit kein Licht. Das Universum und somit auch das Leben, können nur durch Polarität existieren. Ohne das Gegenteil kann der Mensch nie erfahren, wie etwas wirklich ist. Wenn man sich für diesen Gedanken öffnen kann, ihn aufgreift und nachgeht, lässt sich viel Unerklärliches aus einem anderen Blickwinkel betrachten.

Wenn Sie Wut auf das Schicksal empfinden, dann darf die jetzt da sein. Lassen Sie Ihren ganzen Ärger durch schreien nach außen fließen.

So kann die Möglichkeit entstehen, demütig, dankbare Erinnerungen an die gemeinsame Zeit mit dem geliebten Menschen zu schaffen.

Wir entscheiden uns in jeder Sekunde unseres Lebens neu, was wir denken und dem zu Folge fühlen. Wer immer denkt, das Leben ist ungerecht, wird mit dem Kopf dauernd nach Bestätigung dieses Gedankens suchen. Es wird ein Leben im ständigen Mangel entstehen. Wer immer nach Westen guckt, wird niemals einen Sonnenaufgang sehen können.

Strukturen
Alltägliche Abläufe und Aufgabenverteilung in der Familie haben nicht selten eine gewisse Struktur. Jeder weiß, was zu erledigen ist und verlässt sich auf die Anderen. Beim Verlust eines Familienmitglieds bricht diese Struktur aber zeitweilig zusammen. Aufgaben des Verstorbenen werden nur teilweise übernommen oder fallen vorübergehend ganz weg. Fernsehabende, gemeinsames Essen oder Unternehmungen am Wochenende kommen zu Beginn der Trauer kaum noch zu Stande. Ohne den geliebten Menschen wirkt das alles nicht mehr erstrebenswert. Jeder aus der Familie ist mit seinen eigenen traurigen Gefühlen beschäftigt. Ein miteinander ist anfangs sehr schwierig.

Die ersten Wochen nach Schicksalen, dem Sinnlosigkeitsgefühl nicht Herr werdend, helfen kleine Beschäftigungen, um die Trauergedanken kurzzeitig auszublenden. Kleine Trauerpausen sind Linderung für Herz und Seele. Zu Beginn der Trauer sind es nämlich meistens die Wochenenden, die noch stärker belastend wirken. Das liegt mitunter daran, dass Aufgaben und Pflichten vernachlässigt werden können und es einfach an Kraft, Willen und Ideen fehlt, sich selbst, oder mit anderen zu beschäftigen. Erst mit der Zeit gelingt es wieder, ein miteinander zu gestalten. Abläufe und Aufgaben bekommen eine neue Struktur. Trauernden hilft es sehr, nicht einfach sinnentleert in den Tag hineinzuleben, sondern durch leichte Aufgaben Beschäftigung zu finden und etwas abgelenkt zu sein. Struktur ist kein muss, dient aber als Stütze in der schwierigen Zeit des Leids.

Trauerarbeit
Das Wort Trauerarbeit steht für die Schwere sowie der schmerzhaften Auseinandersetzung mit dem Geschehenen und der daraus resultierenden Gegenwart. Physisch und psychisch ist das für Trauernde sehr belastend und äußerst anstrengend. Betroffene sind kontinuierlich Gemütsschwankungen unterworfen. Musik im Radio, Gerüche oder andere Erinnerungen mit dem Verstorbenen aus der Vergangenheit können bei Trauernden höchst
emotionale Empfindungen auslösen.
Aber Trauer ist kein Zustand, sondern ein Prozess. Und eine heilende Trauer ist das erstrebende Idealziel, was erreicht werden kann. Unter positiv geleisteter Trauerarbeit versteht man, die Möglichkeit nutzend, bewusst schöpferisch handelnd tätig zu sein. Schon die Auseinandersetzung mit dem Verlust und allem daraus für das eigene Leben resultierenden, kann als Arbeit definiert werden. Aber Arbeit steht nicht nur für Schwere. Betroffene emp-

finden es im Verlauf der Trauer als Trost und Erleichterung, Rituale geschaffen sowie Gedanken und Gefühle zu Papier gebracht zu haben. Beschäftigungen für sich finden, die das traurige Ereignis aus einer anderen Sicht zeigen, das Verhältnis zu dem Verstorbenen und die eigene Lebenssituation positiv verändernd möglich macht. Man lernt, sich für die stetigen Veränderungen, die das Leben fortwährend mit sich bringt, im Einklang zu leben und es anzunehmen. Ist das nicht aller Mühen wert?

Trauerbegleitung
Trauerbegleitung hat sich aus der Not heraus entwickelt. Früher wurden die Hinterbliebenen von der Gemeinschaft, bestehend aus Familie, Freundeskreis und Nachbarschaft aufgefangen. Anteilnahme wurde gelebt, man nahm am Leben des Trauernden teil. Und zwar über einen längeren Zeitraum hinweg. Heutzutage reicht die Anteilnahme nur bis zum geschriebenen Wort auf der Kondolenzkarte. Der Tod und die damit verbundene Trauer haben in unserer Gesellschaft ihren Platz nur noch am Rande. Viele Hinterbliebene vereinsamen regelrecht in ihrer Trauer.
Trauerbegleiter möchten Hilfestellung leisten. Sie können keinem die Traurigkeit nehmen, aber die

Stille gemeinsam aushalten. Ein aufmerksamer Zuhörer sein, auch wenn Trauernde wiederholt das gleiche erzählen, um es zu verstehen und zu verarbeiten. Beides hat seine Berechtigung und Sinnhaftigkeit. Es steht zwar im Gegensatz zu einander, jedoch im Einklang mit der Gefühlswelt Hinterbliebener.

Und hier können Trauerbegleiter behilflich tätig sein. Das Schicksal auch aus einem anderen Blickwinkel zu sehen, gemeinsam Rituale schaffen und dem Verstorbenen einen neuen Platz in Ihrem Leben geben. Oft ist es leichter, sich Fremden gegenüber zu öffnen, als der Familie oder Freunden.

Das intensivste Mitgefühl können jene Trauerbegleiter entgegenbringen, die ein ähnliches Schicksal erlitten haben. Denn alle Bücher dieser Welt können keinem Menschen diese Traurigkeit und diesen Schmerz auch nur annähernd vermitteln.

Trauergedanken

Zu Papier gebracht können sie Emotionsblockaden lösen. Gerade im ersten Trauerjahr, wo ständig alte Erinnerungen und Begebenheiten den Geist überschwemmen, die einem aufzeigen was man verloren hat und nie mehr möglich ist.

Trauernde tragen diesen ständig sich anhäufenden Berg der gemeinsamen Vergangenheit mit sich herum. Diese in Worte gefasst, gibt Hinterbliebenen eine wesentliche Erleichterung. Man schreibt es sich im wahrsten Sinne des Wortes von der Seele. Nach einiger Zeit nochmals in die Hand genommen lässt erkennen, wie sich Ansichten und Emotionen weiterentwickelt und verändert haben.

Trauergruppen
Wer akut Leid durchlebt, kann in Trauergruppen Trost, Verständnis und Zuspruch finden. Trauergefühle und das Leid werden durch den Austausch im wahrsten Sinne des Wortes geteilt. Es führt den Teilnehmern bewusst vor Augen, dass es noch mehr Menschen gibt, die auch viel Schwere und Leid erfahren mussten.
Sich selbst als denjenigen anzusehen, dem das größte Schicksal der ganzen Welt auf seinen Schultern lastet, wird bei Teilnahmen an solchen Treffen relativiert. Mit dem Bewusstsein fremder Schicksale, erscheint das eigene in einem anderen Licht. Das hat nichts mit Schadenfreude zu tun, sondern gibt mehr ein Gefühl von Gemeinsamkeit. Die wiederum von allen als geteiltes Leid erfahren und empfunden wird. Es fühlt sich erträglicher an, weil sich dadurch der Blickwinkel auf das eigene Schicksal ändert.

*Die Trauer ist zu Beginn
eine Wüste,
wo nur die Erinnerungen
Oasen sind*

Trauerphasen
Trauernde durchleben meist vier verschiedene Phasen, in verschiedenen Abfolgen und öfters wiederkehrend.
1. Nicht wahr haben wollen.
2. Aufbrechende Emotionen.
3. Verhandeln, suchen und loslassen.
4. Akzeptanz, neuer Selbst- und Weltbezug.

Auch wenn Trauernde verspüren, die vierte Trauerphase erreicht zu haben, kann es immer wieder Situationen geben, in denen sie sich erneut in den drei anderen Phasen wiederfinden. Das ist aber nicht beunruhigend, sondern ganz normal. Auch Jahre später findet man sich kurzzeitig in den anderen Phasen wieder.

Trauerverhalten
Den Familien-und Freundeskreis an seinen aktuellen Gefühlen teilhaben lassen, wenn es die Situation zulässt, erleichtert für alle Beteiligten den Umgang miteinander. Denn bei vorgetäuschter Normalität wundern sich die Angehörigen, warum man nicht mehr so ist wie früher.

Aber Schicksale verändern einen, ob man das möchte, oder nicht. Trauer tritt gefühlsmäßig immer in Wellen auf. Anfangs gewaltige, das Gefühl des nicht aushalten zu können. Dies liegt an dem Ist Zustand, den man immer mehr und deutlicher rea-

*lisiert. Das für viele Situationen geltende, **nie mehr**. Gerüche, Musik oder Situationen können einen emotional total aus der Fassung bringen. Erst ganz langsam verheilen diese Narben, die beim Trauerprozess entstehen. Nicht die Zeit heilt die Wunden, sondern mit der Zeit lernt man, mit den Wunden zu leben. Die Narben aber bleiben. Sie werden einen immer an den Verlust erinnern, den man ja auch nie in Vergessenheit geraten lassen möchte. Sie schmerzen nicht mehr permanent, sondern nur noch von Zeit zu Zeit. Die Narben werden sich bis zum eigenen Ende immer bemerkbar machen und die Erinnerungen nie vergessen lassen.*

Trost
Trost kann auf verschiedenste Weise gegeben und empfangen werden. Das kann Rat, Schutz und Hoffnung gebend sein. Aber auch Angst nehmend Licht blickend oder anderweitig hilfreich im Austausch stattfinden.
Trauernde benötigen kein Mitleid, sondern vor allem Mitgefühl. Menschlichkeit und Einfühlungsvermögen sind Charakterzüge, die von Hinterbliebenen am meisten in ihrem Umfeld geschätzt und benötigt werden. Dem Betroffenen das Gefühl zu geben, nahe bei ihm zu sein und sich nicht zu verstellen. Und wenn einem für Hinterbliebene nichts Passendes einfällt, kann man ruhig sagen:

*„es tut mir Leid, aber mir fehlen einfach die Worte."
Das fühlt sich für den Betroffenen ehrlich und aufrichtig an. Auch das kann auf den Trauerschmerz besänftigend und wohltuend wirken.*

Verarbeiten
Der größte Lohn für unsere Bemühungen ist nicht das, was wir dafür bekommen, sondern das, was wir dadurch werden. Und die Verarbeitung der Trauer ist ein sehr schweres und langfristiges, aber sehr lohnendes Bemühen.
*Das ständige denken an den Verstorbenen ist normal. In den gleichen Gedankenschleifen hängen zu bleiben, für einen gewissen Zeitraum auch. Wenn man sich von quälenden Gedanken aber nicht lösen kann, sollte man versucht sein, anders mit diesen Vorstellungen umzugehen, um eine andere Sicht zu erlangen. Gespräche oder Bücher über andere Möglichkeiten der Vorgehensweise, sich mit diesen negativen Gedanken auseinander zu setzen, können meistens eine nützliche Linderung herbeiführen.
Eine der wichtigsten Eigenschaften für Trauernde ist, behutsam, geduldig und verständnisvoll mit sich selbst umzugehen. Weil einem nicht nur das Leben fremd geworden ist, sondern Trauernde sich selbst auch. Trauer dauert so lange wie sie dauert. Es gibt keine Zeitvorgaben, weil jede Trauer individuell ist.*

Und wenn das Ergebnis ist, mit einem dankbaren Lächeln auf die gemeinsame Zeit des Erlebten und Erreichten zurückzublicken, hat sich der Trauernde das bestmöglichste Ziel erarbeitet und erfüllt. Denn effektiver kann Trauer nicht bewältigt, gestaltet und verarbeitet werden.

Verlust
Der Verlust zeigt Trauernden immer wieder auf, was sie verloren haben. Und gerade in der Anfangstrauer wird deutlich, wie viele Lebenssituationen man gemeinsam, als selbstverständlich gelebt hat. Und das lässt den Verlust jetzt so schmerzlich erfahren. Miteinander reden, schlafen gehen, aufwachen, essen, Fernsehabende, oder gesellige Abende mit Freunden erleben. Trauernde fühlen sich als einsamste Menschen auf der Welt. Das nie mehr geht Trauernden nicht aus dem Kopf.
Immer wenn Beziehungen eingegangen werden, partnerschaftlich, oder freundschaftlich, geht man auch die Konsequenz ein, dass diese Verbindung nicht von ewiger Dauer ist und sein kann. Die aber dadurch entstandenen Glücks- und Zusammengehörigkeitsgefühle, die solche Verbindungen mit sich bringen, lassen das Leben doch erst lebenswert erscheinen. Es ist doch das Zerbrechliche und Endliche, was solche Begegnungen so äußerst wertvoll machen.

Nur mit sich alleine zu leben, wie ein Eremit, ohne sozialen Kontakte, nur um das Gefühl des Verlustes nicht erleben zu müssen, wäre von vorneherein ein trauriges, nicht lebenswertes Dasein.

Vergangenheit
Wer ständig sehnsüchtig in der Vergangenheit lebt, sich stets grübelnd vor Augen führt, wie schlimm und trostlos sein Leben sich verändert hat, wird die Opferrolle, das Gefühl der Ohnmacht und Schwere hinnehmen müssen und als festen Bestandteil in sein Leben integrieren.
In solch einer Gedankenwelt wird das Leben nicht mehr gelebt, sondern bedauerlicher Weise nur noch ausgehalten. Vergangenheit als einen Rückblick des Erlebten und Erreichten anzusehen, als liebevolle Erinnerungsschatzkammer zu schätzen, ist der erstrebenswerteste, bestmögliche Umgang.

Die Sehnsucht nach der Vergangenheit loslassen. Zu Beginn unvorstellbar, doch im Laufe der Trauer ein Weg der Erleichterung

Veränderungen
Ab dem Schicksalstag müssen Hinterbliebene ungewollt so viele Veränderungen in Ihrem Leben hinnehmen. Sie fühlen sich dem Leben regelrecht ausgeliefert.
Kleine selbst inszenierte Ablaufänderungen des täglichen Lebens, tragen dazu bei, auch andere Gedankenmuster entstehen zu lassen.
Zum Beispiel eine andere Fahrstrecke zu Ihrem Arbeitsplatz. Oder zum Essen einen anderen Platz einnehmen als den, der schon immer der Ihre gewesen ist. Mit der anderen Hand die Zähne putzen, ihre Uhr am anderen Arm tragen.
Es sind nur kleine Veränderungen, aber Untersuchungen haben ergeben, dass sie bei Trauernden negative Gedanken- und Gefühlsabläufe durch bis dahin unbekannte neue, belebend ersetzen können. Vielleicht ist es nicht direkt nachvollziehbar, aber es hat bei vielen schon erstaunliches erbracht.
Es gibt das angenehme Gefühl, selbstständig Veränderungen herbeizuführen, die sich positiv im Leben von Trauernden verankern.

Man hat immer die Wahl.
Das Schicksal
verdrängen oder
annehmen.
Nur verändern
kann man es nicht.

Vertrauen
Seit dem Schicksalstag ist nicht nur die Vertrautheit des gelebten Lebens verloren gegangen, sondern das Vertrauen an sich. Nichts fühlt sich mehr gewohnt oder sicher an. Der Kontrollverlust, das Schicksal nicht abwenden zu können, sein eigenes Leben nicht mehr unter Kontrolle zu haben. Die Angst, sich Allem einfach hilflos ausgeliefert zu fühlen, belastet Hinterbliebene neben der schmerzhaften Trauer zusätzlich.

Meldungen an Behörden und Versicherungen bedürfen zwar der Regelung, doch können Hinterbliebene die Erledigung nach ihren Kräften selbst einteilen. Kleine, überschaubare Schritte und Aufgaben können vor Überforderung schützen. Und jedes Häkchen auf der Liste von Erledigungen, gibt bei aller damit einhergehenden Traurigkeit auch ein stetig steigerndes Selbstwertgefühl, es geschafft zu haben.

Alle Trauernden sind in der Lage, wieder ein selbstständiger Mensch zu werden, auch wenn das anfangs nicht vorstellbar ist. Sich selbst geduldig Zeit gebend, und vielleicht auch mit der Hilfe von Familie und Freunden, kann das Vertrauen in sich und auf das Leben neu entstehen.

*Wenn man einen geliebten
Menschen verloren hat,
kann man ihn nie mehr
sehen und hören.
Doch mit einem
wunderschönen Platz
im Herzen
immer spüren*

Verzeihen
Wenn das Gefühl der Wut aus dem Schicksal hervorgeht, sei es auf den Unfallverursacher, die Ärzte, Pflegepersonal, sich selbst oder ähnliches, kann das eine Zeitlang dazu dienen, Emotionen Ausdruck zu verleihen und fließen zu lassen.
Aber irgendwann, das Herz gibt zur gegebenen Zeit Signale, kommt die Phase, wo es an dem Trauernden liegt, zu verzeihen. Es ist auch im eigenen Interesse, anderen Menschen nicht die Macht zu geben, sich selbst schlecht zu fühlen. Das Verzeihen sollte jedoch nicht die Überwindung als Ursprung haben, sondern aus voller Überzeugung und ganzem Herzen erfolgen. Denn sonst bleibt die heilsame Wirkung aus, und das „Verzeihen" wäre nicht mehr als eine Floskel.

Verzweiflung
Wenn lange anhaltende Trauer zur Gewöhnung wird, man es als selbstverständlich hinnimmt und sich nichts anderes mehr vorstellen kann, führt das immer intensiver zur Zurückgezogenheit mit einbezogener Selbstaufgabe. Es kommt dadurch zu einer Art von erfüllt sein, sich der Trauer hinzugeben. Diese Form von bewusst gelebter Machtlosigkeit dem Leben gegenüber schränkt jegliches Handeln der Selbstverwirklichung ein.

Das nicht mehr Handeln zu wollen und daraus resultierendes Unvermögen, legt sich wie ein großer, schwerer Schatten auf das ganze Leben des Trauernden. Ich war die/der Frau/Mann, Freund von..., der nicht mehr existiert. Also bin ich selbst auch nicht mehr. Man fühlt sich einfach nur noch wertlos in dieser Welt. Das Gefühl des nicht mehr geliebt und gebraucht zu werden, wird bei täglich wiederholtem Glauben zur eigenen Realität.

Wenn diese Gedanken, Gefühle mit einhergehenden Handlungen das Leben bestimmen, wäre die Inanspruchnahme von Fachleuten sehr hilfreich und von größter Wichtigkeit. Denn das Verständnis, sich mit dem Verlust auseinander zu setzen und sich begreiflich zu machen, ist die Voraussetzung, um sich für die Weiterentwicklung der Trauer zu öffnen.

Trauer kann nicht einfach ausgesessen und verdrängt werden. Trauergefühle machen sich immer wieder bemerkbar. Die Verzweiflung und Hoffnungslosigkeit, die Hinterbliebenen stets viel Kraft kostet, gilt es zumindest zeitweise zu ertragen. Es zeugt ja von der großen Liebe, die man für den Verstorbenen empfunden hat. Aber in Momenten, wo die Schwere etwas von ihrer Intensität nachlässt, sind selbstheilende Maßnahmen der Auseinandersetzung mit dem Geschehen und deren Auswirkungen ein wertvolles Heilmittel. Darüber zu lesen und selber zu schreiben, in Form von Tagebuch, Gedichten, Versen oder ähnlichem, lässt Gefühle fließen. Sie können dadurch Raum schaffen für neue Emotionen, die im Verlauf der Trauer gespürt werden möchten, um den Trauerweg heilsam zu gestalten.

Warum
Warum ist mir das passiert, warum jetzt, warum lässt Gott das zu?
Diese Fragen lassen sich auf der Ebene des kürzlich erlebten Schicksals nicht beantworten. Erst wenn einige Stufen der Trauer geschafft sind und das Geschehene aus einer anderen Sicht betrachtet werden kann, können Antworten darauf gefunden und dem Trauernden zugänglich werden.
Das ganze Universum unterliegt der Polarität. Ohne Licht gäbe es keine Schatten, ohne Kälte keine Wärme und ohne Leid kein Glück. Ohne das Eine gäbe es das Andere nicht. Eltern lieben ihre Kinder. Aber trotzdem passiert es, dass Kinder sich im Beisein ihrer Eltern verletzen und Schmerzen erleiden. Sei es ein Sturz mit dem Fahrrad, bei der Benutzung eines Hammers auf die Finger hauen u.s.w., oder die heiße Herdplatte berühren. Eltern schmerzt das meistens noch mehr, als den Kindern selbst und ist mit Sicherheit nicht gewollt oder provoziert. Aber es

dient dem Lernprozess. Denn mehr als das Wort, lehrt den Menschen die Erfahrung. Wie oft sagen Eltern, unterlasse bitte dieses und jenes. Aber erst die negative Empfindung darauf, wird unvergessen bleiben und den Umgang damit lehren.

Die Menschheit hat im Laufe der Zeit die Elternrolle auf Gott übertragen. Und dadurch haben sie zu eine Vorstellung von Gott erlangt der richtet, belohnt und bestraft. Wir sind hier auf der Erde um uns weiter zu entwickeln und Erfahrungen zu sammeln. Das Jenseits ist der Ort woher wir alle kommen. Und wenn man verstirbt, geht die Seele, die ewig existiert, wieder dorthin zurück, nach Hause. Dort ist der Aufenthaltsort aller Seelen, die sich nach einer gewissen Zeit erneut aufmachen, in das Abenteuer eines neuen lehrreichen Lebens.

Gott hat uns alles mitgegeben, was man hier benötigt. Und auch die Welt ist mit allem ausgestattet, was man zum Leben braucht. Da Gott in uns allen steckt, sind wir alle göttliche Wesen. Und die unvorstellbare Schöpferkraft, die jeder von uns besitzt, kann für Gutes, aber auch für Böses und Schlechtes verwandt werden.

Es ist wie mit einer Kerze. Sie kann Licht, Wärme und Gemütlichkeit ausstrahlen. Andererseits kann es auch passieren, dass Kerzen der Auslöser von Bränden sind.

Wir Menschen haben immer die Wahl. Nach dem

warum können wir fragen. Aber es kommt darauf an, ob nach heilenden Antworten und Einsichten gesucht wird, oder ob wir es zulassen, daran zu zerbrechen. Wir tragen beide Möglichkeiten in uns, entscheiden muss jeder für sich selbst.

Wo sehen Sie sich in einem Jahr?
Wenn der Schicksalstag in einem Zeitraum von 6 – 12 Monaten hinter Ihnen liegt, stellen Sie sich bitte folgende Frage.
Wo sehen Sie sich in einem Jahr?
Der ganz große, tiefe Schmerz ist etwas abgeklungen. Neue Alltagsabläufe haben Sie in Ihr neues Leben integriert und zugelassen.
Konnten Sie sich in der letzten Zeit selber eingestehen, wieder Freude oder sogar Glück zu empfinden? Oder halten Sie es noch für einen Verrat an Ihrem geliebten Verstorbenen?
Haben Sie das Gefühl, dass sich Ihre Trauergefühle schon verändert haben? Hat Ihr >**Nein**< zum Verlust bereits an Intensität nachgelassen?
Können Sie sich vorstellen, mit dankbaren Gedanken an die gemeinsame Zeit zurück zu denken, oder sind Sie überzeugt, dies für immer wie einen Stachel in Ihrem Herzen zu spüren?
Wächst in Ihnen das Bedürfnis, Hilfe in Anspruch zu nehmen, weil Sie glauben, alleine mit dieser Trauer

nicht fertig werden zu können?
Haben Sie überhaupt den Wunsch, in Zukunft wieder Glück empfinden zu können, in welcher Form und Intensität auch immer?
Stellen Sie sich bitte folgende Fragen.
Würden Sie es mit Wohlwollen sehen, wenn Sie verstorben wären und Ihr Partner wäre für den Rest seines Lebens tief traurig und nie mehr glücklich.
Fühlt sich dieser Gedanke gut an?
Glauben Sie, dass dieser Gedanke richtig ist?
Wie wäre Ihr Leben ohne diesen Gedanken? Wenn Sie von dem Gedanken beseelt sind, sich selbst und der ganzen Welt zu zeigen, dass Sie nie mehr Freude und Glück in Ihrem Leben zulassen können, wäre unterstützende Hilfe von Freunden oder fachlich erfahrenen Personen durchaus zu empfehlen.
Sorgen Sie gut für sich. Ihr geliebter verstorbener Mensch, Ihre Freunde und Bekannten und nicht zuletzt Sie selbst möchten doch nicht, dass Traurigkeit den Rest Ihres Lebens beherrscht.

Wut
Es ist das gewaltigste Gefühl neben der Trauer, das Hinterbliebene anfangs beherrscht. Die Machtlosigkeit, dass schicksalhafte Ereignisse den eigenen Lebensweg so aus der Bahn werfen können. Aber auch die Wut auf den Verstorbenen selbst, der einen im Hier und Jetzt alleine zurück lässt, mit all

den Plänen, Zielen und Träumen, die man gemeinsam hatte und noch verwirklichen wollte.

Wut hat ihren Ursprung aber auch aus der Angst heraus. Die Besorgnis, mit der Einsamkeit und den Anforderungen der Zukunft nicht fertig zu werden. Auch die Vorstellung, sich ohne den Verstorbenen wertlos zu fühlen, trägt zur machtvollen Emotion der Wut bei.

Erst einige Zeit später, im ungünstigsten Fall erst nach Jahren, wenn durch die Annahme des Geschehenen Beruhigung, Klarheit und liebevolle Erinnerung ihren Raum anstelle der Trauer eingenommen hat, kann man etwas wundervolles feststellen. Wenn man sich öffnet und darauf einlässt, kann man spüren und erfahren, dass wir von den geliebten Verstorbenen begleitet werden. Diese Kommunikation wird nicht mit Worten geführt, sondern als Gefühle und Gedanken erfahren. Die Verstorbenen sind nicht von uns gegangen, nur vor uns.

Wüsten
Sie sind der Inbegriff von Leere, Dürre, Stillstand, Einsam-und befremdlicher Leblosigkeit.
Es sind die Synonyme, die zu Beginn des Trauerweges die Gefühlssituation am eindrucksvollsten widerspiegeln und empfunden werden.
Diese Situation, sich inmitten einer Wüste wieder

zu finden, kann auch vor Augen führen, was für das augenblickliche Überleben von Wichtigkeit ist. Ein Großteil des eigenen Besitzstandes wird plötzlich nur als Ballast empfunden. Man möchte sich am liebsten von einigen Gegenständen trennen, die dem bevorstehenden Weg noch mehr Schwere verleihen, weil man sich auch noch darum kümmern muss. Aber man hat alle Hände voll zu tun, um für sich selbst da zu sein. Man widmet sich anfangs nur dem Lebensnotwendigen. Für alles andere fehlt weder die Kraft, noch die Begehrlichkeit.

Zweifel
In Zeiten des Leids an Gott zu verzweifeln ist allzu menschlich.
Jedoch zeigt es, dass man sich mit seinem Glauben auseinandersetzt. Aber es fehlt das Einverständnis mit dem Geschehenen. Alles das empfinden wir als persönliche Bestrafung. Jeder von uns ist aber nur ein kleiner Teil von einem großen Ganzen. Damit alles ineinander und zusammen passt, geschehen öfters Dinge, die unser Unverständnis hervorrufen. Doch im Universum geschieht nichts sinn- und grundloses. Das ganze unterliegt einer Bestimmung, die wir mit unseren menschlichen Möglichkeiten nicht erfassen und nachvollziehen können. Wenn wir von unserem eigenen Leben einmal ausgehen, wie oft haben wir unerfüllte

Wünsche, kleinere oder schwerere Unfälle fassungslos oder wütend empfunden. Dadurch hat sich die eigene Planung zerschlagen, es ist etwas anderes, neues in das Leben getreten. Und nach alledem, was man sich nicht ins Leben hineingewünscht hat, Schicksalsschläge, ungeschehene Wünsche und Enttäuschungen, ist dadurch unvorhergesehenes ins Leben getreten und hat Veränderungen bewirkt. Es hat alles zu dem gemacht, wie und was wir heute sind. Wenn man mit der Gegenwart zufrieden ist, haben diese ganzen Lebenseinschnitte ihren Dienst erfüllt. Hadert man jedoch mit der aktuellen Situation, wäre es hilfreich sich zu fragen, was habe ich versäumt, das es so ist, wie ich es im Moment empfinde. Oder man könnte versucht sein, die Dinge aus einem anderen Blickwinkel aus zu betrachten. Meist ist man erstaunt, wie wirkungsvoll diese neue Ausgangsposition sein kann. Denn alles im Leben unterliegt der Relativität. Es kommt immer nur auf die Position des Betrachters an, Dinge so anzunehmen, wie sie nun einmal Real sind.

Trauer möchte die Annahme von Hinterbliebenen, damit sie nicht in ihr versinken

Schlusswort

Wenn Ihnen auch nicht jeder Gedanke in diesem Buch schlüssig und sinnvoll erscheint, so bietet sie vielleicht zumindest den Ansatz, Situationen und Gefühle aus einem anderen Blickwinkel zu sehen.

Oder es finden sich neue Anregungen, differenzierter über bislang geglaubtes nachzudenken.

Trauergefühle, aus intensivem Verlustschmerz entstanden, brauchen die Annahme von Hinterbliebenen. Der Tod gehört nun einmal zum Leben dazu. Das menschliche Dasein hier auf der Erde ist nicht unendlich. Gerade dieser Aspekt macht das Leben aber auch ganz besonders wertvoll. Alle Menschen haben nur eine bestimmte Zeit, sich in dieser Welt zu verwirklichen und ihrer Bestimmung zu folgen.

Der Tod ist keine Strafe, sondern gehört zum Leben. Vielleicht ist er ja nur der Übergang zu etwas, wo es keine Worte für gibt.

Ich wünsche Ihnen, wie auch immer Sie mit Ihrer Situation umgehen und sie durchleben, geduldige Zuhörer und ein verständnisvolles Umfeld, das Ihnen beisteht.
Trauen Sie sich zu trauern. Die Hingabe zur Trauer bedeutet nicht schwach zu sein, sondern Stärke zu besitzen, sie anzunehmen und auch zu zeigen.
Ich wünsche Ihnen, dass Sie verlorenes Vertrauen und nicht mehr verspürten Sinn und Freude in Ihrem neuen, anderen Leben wiederfinden und Ihr geliebter Mensch einen wunderschönen Platz in Ihrem Herzen findet. Damit Sie alle zukünftigen Wege gemeinsam gehen können.

In mitfühlenden Gedanken,

Bernd Gerrards